ATLAS MONDIAL DE LA FRANCOPHONIE

Du culturel au politique

Ariane Poissonnier et Gérard Sournia

Cartographie : Fabrice Le Goff

Éditions Autrement
Collection Atlas/Monde

AUTEURS

Après avoir été journaliste au groupe Jeune Afrique (Paris), rédactrice en chef
de L'Effort camerounais (Douala) puis rédactrice en chef adjointe de L'Autre
Afrique (Paris), **Ariane Poissonnier** a rejoint Radio France Internationale en 2000
et travaille depuis lors au sein de son agence de presse, MFI.

Docteur en géographie tropicale, **Gérard Sournia** a effectué la quasi totalité de
sa carrière en Afrique, dans l'océan Indien, en Europe, au Canada, toujours en lien
direct avec les problématiques et les instances francophones ; spécialiste de l'aménagement du territoire et de la gestion des ressources naturelles, il est auteur et coauteur
de nombreux ouvrages et articles ; il fut, entre autres, conseiller de Charles Josselin,
ministre de la Coopération et de la Francophonie, et chef de mission de coopération.

CARTES ET INFOGRAPHIES

Fabrice Le Goff est cartographe-géographe indépendant. Auparavant, il a
notamment été responsable, pendant six ans, de la cartographie des Guides bleus,
Bleus évasion et Voir au sein d'Hachette Tourisme. Il est diplômé de l'université
de Paris I-Panthéon-Sorbonne (DESS de cartographie) et a réalisé l'ensemble
de la cartographie de l'Atlas de la Première Guerre mondiale (Autrement, 2005).

MAQUETTE

Conception et réalisation : EDIRE

ÉDITIONS AUTREMENT

Direction : Henry Dougier
Coordination éditoriale : Laure Flavigny et Chloé Pathé
Fabrication : Bernadette Mercier
Communication et presse : Doris Audoux
Direction commerciale : Anne-Marie Bellard

© Éditions Autrement 2006
77, rue du Faubourg Saint-Antoine • 75011 Paris
Tél. 01 44 73 80 00 • Fax 01 44 73 00 12 • www.autrement.com

ISBN 2-7467-0813-2
ISSN 1272-01151
Dépôt légal : 1er trimestre 2006
Imprimé et broché en France par Corlet Imprimeur SA
Achevé d'imprimer en février 2006

Cet ouvrage a été conçu avec la contribution de l'agence de presse MFI (Radio France Internationale).

francofffonies ! le festival francophone en France est mis en œuvre par le Commissariat général, dont l'opérateur délégué est l'Association française d'action artistique, avec le soutien du ministère des Affaires étrangères – ministère délégué à la Coopération, au Développement et à la Francophonie, du ministère de la Culture et de la Communication, du ministère de l'Éducation nationale, de l'Enseignement supérieur et de la Recherche, du ministère de l'Outre-Mer et du ministère de la Jeunesse, des Sports et de la Vie associative. Avec l'appui du Sénat et de l'Assemblée nationale. En partenariat avec l'Organisation internationale de la francophonie.

Fondé sur la géopolitique culturelle originale que constitue l'espace francophone, francofffonies ! le festival francophone en France, mobilise et valorise tous les acteurs de la francophonie en mouvement à travers des manifestations artistiques et culturelles dont la présente édition se veut un témoignage pérenne.
La francophonie est aujourd'hui un vaste terrain d'expérimentation d'une autre mondialisation possible : une autre relation entre politique, culture, éducation, commerce, économie et communication. C'est pour cela que des entreprises, en accord avec ces valeurs de modernité et de diversité, ont choisi d'apporter leur soutien à cet événement culturel majeur de l'année 2006.

fran co fffo nie s !

Ariane Poissonnier et Gérard Sournia remercient particulièrement Hugo Sada, conseiller pour l'information et la communication et porte-parole du secrétaire général de l'OIF, pour sa disponibilité et son écoute, tout au long de la préparation de ce travail et pour ses conseils toujours déterminants ; Hervé Barraquand, attaché au cabinet du secrétaire général de l'OIF, pour les précieuses informations dont il a toujours su nous faire bénéficier ; Alain Villechalane, délégué général de l'Alliance française de Madagascar.
Les auteurs remercient également la Fédération française de scrabble, qui leur a fourni de précieuses informations sur la situation du scrabble francophone dans le monde.
Ariane Poissonnier tient aussi à remercier Thierry Perret, rédacteur en chef de MFI, pour sa confiance toujours renouvelée, ainsi que Monique et Marc Poissonnier pour la soif de connaître qu'ils ont su transmettre à leurs enfants.

L'archipel francophone

La Francophonie, dont le cheval de bataille est la défense de la diversité culturelle, ne s'accommode évidemment pas de frontières dessinées au cordeau. Plusieurs cartes se superposent pour en définir le périmètre dans l'espace global de la planète, sur les cinq continents.

Une carte officielle et institutionnelle, tout d'abord. C'est aussi la plus lisible. Elle inclut les 63 États et gouvernements membres, associés ou observateurs de l'OIF convoqués tous les deux ans (depuis Versailles, en 1986) au Sommet de la Francophonie, son instance suprême, qui en définit les grandes orientations. Ils regroupent plus de 710 millions d'individus, des plus prospères – Suisse, France, Nouveau-Brunswick, Communauté française de Belgique, etc. – aux plus démunis, puisque 24 pays membres, de Madagascar à Haïti en passant par le Laos et Djibouti, figurent parmi les moins avancés sur l'échelle de la croissance mondiale. Ainsi, dans le domaine économique et démographique, la pluralité francophone prend-elle la forme de disparités souvent spectaculaires qui donnent tout son sens à la nécessaire solidarité de cet ensemble : le Luxembourg, 116 fois moins peuplé que la République démocratique du Congo, possède pourtant un revenu national brut trois fois plus important...
Parmi ces 63 États et gouvernements, les dix États observateurs (Autriche, Croatie, Géorgie, Pologne, Slovénie, République tchèque, etc.) marquent l'importance acquise par la Francophonie dans l'Europe centrale et orientale, fruit de sa volonté d'ouverture à l'est.

Une carte linguistique, ensuite. Le français est la langue officielle de 29 pays. Selon le Haut Conseil de la Francophonie, 175 millions de francophones sont répartis à travers le monde. N'en déplaise aux pessimistes, leur nombre est partout en augmentation – sauf dans la Caraïbe –, surtout si l'on prend en compte la forte majorité des « locuteurs capables de faire face aux situations de communication courante en français ».
Aux antipodes d'un rêve hégémonique, les membres de l'aire linguistique francophone, s'ils militent contre l'uniformisation des langues en revendiquant le cordon ombilical du français qui les unit, n'en prennent pas moins le parti d'un partenariat développé avec d'autres espaces, notamment hispanophone et lusophone (dans le programme de coopération Trois Espaces linguistiques). En effet, loin d'opposer le français aux autres langues nationales, le plurilinguisme francophone s'appuie désormais sur leur complémentarité : à l'exclusive de la « langue en commun » s'est substitué le concept de « langue en partage » avant qu'une nouvelle culture, plus conviviale, laisse émerger la notion de « langue en concurrence » qui a cours aujourd'hui.

Une carte politique et culturelle, enfin. Elle est marquée tout à la fois par l'hétérogénéité des gouvernements et des régimes qui la composent et par leur commune adhésion à un corpus de règles et de valeurs, dans le respect des principes universels comme des formes les plus variées d'expression de la démocratie. Exposé en 2000 dans la déclaration de Bamako, le ralliement au « caractère indivisible des droits civils, politiques, sociaux, économiques et culturels, y compris le droit au développement » unit les francophones dans le respect de la culture démocratique et des droits de l'homme.

Ainsi un pont est-il lancé entre la Francophonie institutionnelle et celle, vivante, vibrante, des citoyens regroupés dans autant de sociétés civiles qu'il y a de nations, dont le festival francophone en France sera l'illustration.

L'équipe de francofffonies ! le festival francophone en France
www.francofffonies.fr

SOMMAIRE

INTRODUCTION

Voulue, imaginée, conçue il y a plus d'un tiers de siècle par d'illustres figures du monde de la politique, de la pensée et de la littérature, issues d'Afrique noire, du Maghreb, du Proche-Orient, d'Asie, des Antilles, d'Amérique du Nord et d'Europe, la Francophonie est née d'une farouche volonté de partage et d'identité.

Partage non seulement d'une langue mais aussi d'une culture, identité développée au sein d'un espace géographique configuré au travers des heurs et malheurs de l'histoire des peuples et de leurs civilisations.

Initialement et à tort perçue comme l'idée refuge qu'une certaine élite aurait conçue pour ses propres besoins, la Francophonie s'est construite au fil des décennies, se forgeant une personnalité et acquérant, souvent dans la difficulté, le scepticisme ou l'indifférence, une dimension internationale désormais reconnue et incontestée.

Au sein des grandes institutions censées diriger la planète, elle a endossé le combat des plus démunis pour le décliner, sur le thème de la solidarité, en engagements pour l'éducation, la démocratie, la paix et le droit des peuples, pour la diversité culturelle et l'accès aux techniques modernes d'information, d'échange et de communication. Elle y a gagné en confiance et en respect.

Parce qu'elle est aujourd'hui respectée, elle est également recherchée et copiée. Pionnière pas toujours comprise, elle entraîne dans son sillage d'autres communautés de langues et de pensées, qui, à son exemple, se sont dotées d'une structure et d'une organisation.

En sonnant la révolte contre l'uniformité que laisserait s'installer une globalisation imposée, elle a su entraîner à ses côtés la quasi-totalité des peuples de la planète dans le combat pour la diversité culturelle, conduit dans la prestigieuse enceinte de l'Unesco à la fin de 2005.

Cette Francophonie, revisitée et apaisée, vient, au travers de sa dernière réforme institutionnelle, de se donner les moyens d'une meilleure visibilité et d'une plus grande cohérence de son rôle et de ses actions. Officialisée au moment même où s'ouvre francofffonies ! le festival francophone en France et l'Année dédiée à l'un des plus prestigieux de ses pères fondateurs, le président Léopold Sédar Senghor, cette réforme, signe de maturité, est certainement le plus beau message d'espoir pour que la Francophonie s'épanouisse pleinement dans le double univers de la culture et du politique.

Ariane Poissonnier et Gérard Sournia

Un *Atlas mondial de la francophonie* est en soi un défi audacieux.
Sur les dizaines de pays membres de l'Organisation internationale qui en porte l'étendard, quelques-uns seulement sont majoritairement francophones. En revanche, dans l'ensemble des pays membres ou observateurs et dans d'autres contrées aussi, le français demeure une langue à vocation universelle et, en tout cas, d'implantation transcontinentale. Dans le village perché sur le mont Sannine où je suis né, peu parlaient couramment cette langue, mais beaucoup espéraient en faire l'apprentissage plus ou moins avancé au gré de leur parcours scolaire. En Afrique, cette langue est souvent la condition préalable pour l'accès aux diplômes, à l'administration ou, plus généralement, à la modernité. Au Québec ou en Wallonie, le français est le marqueur identitaire par excellence. Il n'y a pratiquement qu'en France où le français, telle la prose de Monsieur Jourdain, va de soi, comme dénué de la charge émotionnelle, de la fonction sociale ou de la densité identitaire qui le caractérisent hors de l'Hexagone.

Comment des géographes et des cartographes peuvent-ils donc restituer sur des planches, des tableaux et des cartes ce qui relève moins du chiffre que de l'indicible, moins du nombre que du qualitatif, et surtout moins du cantonné que de l'évolutif ? Les auteurs de cet atlas ont relevé le défi et, sans prétendre fixer arbitrairement ce qui est par essence fugace, ils ont réussi à rendre fidèlement compte de ce qui peut être présenté, tout en incitant le lecteur à entreprendre ce qui ne saurait être qu'une longue quête complémentaire, nécessairement personnelle, des usages littéraires et sociaux de cette langue parsemée à travers les cinq continents.

L'œuvre est d'autant plus méritoire que nos bibliothèques s'enrichissent ainsi d'un guide agréablement lisible et scientifiquement fiable pour comprendre l'évolution historique autant que l'épanouissement présent d'un idiome, hier *lingua franca* de la diplomatie et aujourd'hui langue des riches ou des démunis, des Blancs ou des Noirs, des chrétiens ou des musulmans, des urbains, des ruraux, des « rurbains » et des urbanisables, des créateurs et des imitateurs, des écrivains, des poètes, des chanteurs et, d'abord de l'homme de la rue. Langue littéraire, langue de travail dans les enceintes qui comptent, langue de l'Internet, le français est par excellence la langue en partage dans les situations les plus diverses. Il était donc naturel que l'OIF, l'institution dans laquelle cette langue s'incarne, devienne le champion enthousiaste de la diversité culturelle, désormais protégée et promue par une convention internationale idoine, pour laquelle le monde entier restera largement redevable aux institutions et aux pays francophones.

On a pu opposer le français aux langues maternelles, aux idiomes locaux. À tort. Car le français n'a ni l'ambition, ni les moyens de s'imposer en remplacement de nos langues originelles, l'arabe dans mon cas, le wolof, le roumain ou le vietnamien pour d'autres. Si, dans le passé, des amoureux zélés du français l'avaient envisagé, ils en sont heureusement revenus. Plutôt qu'un substitut, le français est désormais vécu comme un modèle de l'ajustement d'une langue vivante aux vicissitudes du temps, de son adaptation aux nouvelles technologies de la communication et surtout de son opiniâtreté dans l'affirmation du pluralisme linguistique sur la scène mondiale, aujourd'hui menacé par les ravages partout constatés de la langue unique, de la pensée unique, du goût unique. En défendant la diversité, les francophones ne luttent donc pas tant pour maintenir le statut universel de leur langue que pour la défense d'une valeur universelle, celle du pluralisme culturel, bouclier contre l'ennui uniforme, incarnation de la richesse spirituelle du genre humain et, d'abord et avant tout, garant de la démocratie au niveau global.

Les auteurs de cet atlas démontrent le sens de cet engagement, font un constat sans fard de ses ambitions autant que de ses failles et offrent un *vademecum* irremplaçable pour sa poursuite.

Ghassan Salamé

GHASSAN SALAMÉ
Professeur à l'Institut d'études politiques de Paris, conseiller spécial du secrétaire général de l'ONU, membre du Haut Conseil de la francophonie et ancien ministre libanais de la Culture.

LA GENÈSE : UN SIÈCLE POUR MÛRIR

Entre 1880 et 1970, l'idée d'une communauté autour de la langue française va mettre presque un siècle à mûrir. Imaginée par un géographe qui réfléchit au destin colonial de la France, la francophonie est paradoxalement rendue possible par la décolonisation et voulue par des responsables d'outre-mer ayant mené leurs pays à l'indépendance. Appuyés par un réseau d'associations pionnières, ceux-ci doivent convaincre une France réticente – car craignant l'accusation de néo-colonialisme – d'institutionnaliser le fait francophone.

Les associations pionnières

La francophonie associative, essentielle au mouvement encore aujourd'hui, fleurit dès la fin du XIXᵉ siècle. En 1883 est créée à Paris l'Association nationale pour la propagation de la langue française dans les colonies et à l'étranger, plus connue sous le nom d'Alliance française. Dès 1884, il y a des Alliances françaises à Barcelone, à Mexico, au Sénégal et à Maurice. Pour les fondateurs (voir p. 72-73), convaincus de la « mission universelle de la langue française », il n'est pas de contradiction entre l'idée laïque de la République et l'idée coloniale. Cet état d'esprit évoluera, toujours dans « l'amour d'un beau langage », vers le « respect de la civilisation » et le « culte de l'amitié internationale », selon Georges Duhamel, président dans les années 1940.

De nombreuses autres associations francophones naissent au tournant du XXᵉ siècle : celle des pédiatres de langue française (1899), celle des écrivains belges de langue française (1902)… À Paris, en 1926, c'est au tour de la Société des écrivains coloniaux d'apparaître, ancêtre de l'Association des écrivains de langue française (Adelf), qui compte aujourd'hui des centaines d'auteurs de 65 nationalités.

Au milieu du XXᵉ siècle, à Limoges, l'Union internationale des journalistes et de la presse de langue française (1950) est créée à l'initiative d'un journaliste canadien, Dostaler O'Leary ; celle-ci prendra le nom d'Union internationale de la presse francophone (UPF) en 2001.

En 1961, l'Association des universités entièrement ou partiellement de langue française (Aupelf) voit le jour à Montréal, créée notamment par le Québécois Jean-Marc Léger ; elle deviendra l'Agence universitaire de la francophonie (AUF).

En mai 1967, l'Association internationale des parlementaires de langue française (AIPLF) se constitue à Luxembourg, en présence de délégués de 23 parlements des cinq continents. Officiellement reconnue par la Charte de la francophonie, elle devient en 1998 l'Assemblée parlementaire de la francophonie (APF).

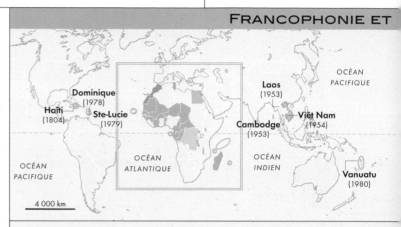

FRANCOPHONIE ET

Dominique (1978)
Haïti (1804)
Ste-Lucie (1979)
Laos (1953)
Viêt Nam (1954)
Cambodge (1953)
Vanuatu (1980)
OCÉAN PACIFIQUE
OCÉAN ATLANTIQUE
OCÉAN INDIEN
OCÉAN PACIFIQUE
4 000 km

L'histoire d'un mot

Le terme « francophonie » apparaît pour la première fois vers 1880 sous la plume du géographe français Onésime Reclus. Par francophones, il entend « tous ceux qui sont ou semblent être destinés à rester ou à devenir participants de notre langue ». Il estime alors à 47 millions dans le monde « la population francophone probable au 31 décembre 1880 ». Le mot ne fait pas carrière et connaît une résurgence dans les dictionnaires vers 1930.

Le terme renaît véritablement en 1962, dans le n° 311 de la revue *Esprit*. Léopold Sédar Senghor y fonde le concept moderne : « La francophonie, c'est cet humanisme intégral qui se tisse autour de la terre, cette symbiose des énergies dormantes de tous les continents, de toutes les races qui se réveillent à leur chaleur complémentaire. » Autres signatures prestigieuses de ce numéro d'*Esprit* : Norodom Sihanouk, Jean Lacouture, Georges Gougenheim, Kateb Yacine…

> **"**
> *C'est parce que nous croyons dans « notre négritude, notre arabité, notre francité » que nous sommes cette communauté fraternelle chargée d'un message universel.*
>
> C. HÉLOU, DISCOURS PRONONCÉ À DAKAR, JANVIER 1973.
> **"**

Une aventure humaine

« La colonisation a été une aventure humaine. Comme toute aventure humaine, elle a charrié de la boue et de l'or. Pourquoi ne faudrait-il prendre que la boue et ne pas retenir les pépites ? » disait Léopold S. Senghor, qualifiant la langue française de « merveilleux outil trouvé dans les décombres du régime colonial ». L'idée de regrouper des pays francophones est ainsi liée à la décolonisation : L. S. Senghor, H. Diori et H. Bourguiba en conçoivent la possibilité à partir du discours de Charles de Gaulle à Brazzaville en 1944, dans lequel ce dernier évoque la future « gestion de leurs propres affaires » par les hommes alors encore sous le drapeau français.

En outre, souligne Stélio Farandjis, alors secrétaire général du Haut Conseil de la Francophonie, dans une allocution prononcée en 2000, ceux qui parlent de la francophonie comme « d'un cache-sexe de l'époque coloniale se trompent rigoureusement : *primo*, le mot n'est jamais utilisé pendant la période coloniale ; *secundo*, l'on ne justifie jamais la colonisation par la francophonie, alors qu'on la justifie par différentes raisons (la civilisation, le christianisme, le commerce, etc.) ; *tertio*, la colonisation ne francophonise pas. À la fin de la période coloniale française, les gens francophonisés étaient une infime minorité ». Stélio Farandjis prend pour exemple les 400 000 élèves scolarisés dans les départements français de l'Algérie colonisée alors qu'ils sont six millions à y apprendre le français en 2000.

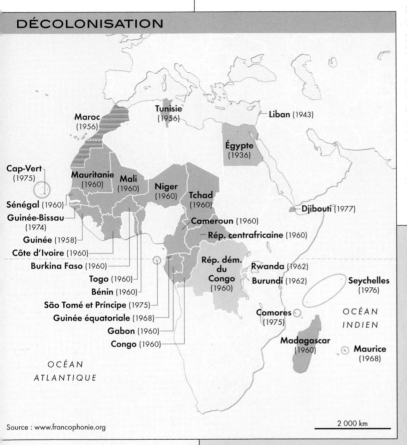

DÉCOLONISATION

Maroc (1956)
Tunisie (1956)
Liban (1943)
Égypte (1936)
Cap-Vert (1975)
Mauritanie (1960)
Mali (1960)
Niger (1960)
Tchad (1960)
Djibouti (1977)
Sénégal (1960)
Guinée-Bissau (1974)
Cameroun (1960)
Guinée (1958)
Rép. centrafricaine (1960)
Côte d'Ivoire (1960)
Burkina Faso (1960)
Rép. dém. du Congo (1960)
Togo (1960)
Rwanda (1962)
Bénin (1960)
Burundi (1962)
Seychelles (1976)
São Tomé et Príncipe (1975)
Guinée équatoriale (1968)
Comores (1975)
OCÉAN INDIEN
Gabon (1960)
Congo (1960)
Madagascar (1960)
Maurice (1968)
OCÉAN ATLANTIQUE

2 000 km

Source : www.francophonie.org

Pays ayant obtenu leur indépendance :
- de la Belgique
- de l'Espagne
- de la France
- du Portugal
- du Royaume-Uni

Les organismes précurseurs

En 1960, quinze pays créent la première institution francophone, la Conférence des ministres de l'Éducation nationale des pays ayant en commun l'usage du français (Confémen), dont le secrétariat sera implanté à Dakar, au Sénégal.

En 1961, les pays d'Afrique nouvellement indépendants forment l'Organisation commune africaine et malgache (Ocam). C'est lors du sommet de l'Ocam, en 1966, que Senghor propose la constitution d'une « communauté spirituelle de nations qui emploient le français, que celui-ci soit langue nationale, langue officielle ou langue d'usage ». Deux ans plus tard, sous la présidence d'Hamani Diori, l'Ocam conçoit le projet d'une Agence de coopération culturelle et technique.

En février 1969 a lieu à Niamey, au Niger, la première Conférence intergouvernementale des États francophones. En décembre, à Paris, seize ministres des Sports créent ce qui deviendra la Conférence des ministres de la Jeunesse et des Sports des pays d'expression française (Conféjes), dont le siège est également à Dakar.

C'est finalement le 20 mars 1970, lors de la deuxième Conférence, également réunie à Niamey, que 21 pays signent la charte créant l'Agence de coopération culturelle et technique, qui deviendra l'Agence intergouvernementale de la francophonie et l'opérateur principal de l'organisation. En novembre 2005, l'OIF devient l'Organisation intergouvernementale unique. La date du 20 mars est désormais celle de la Journée internationale de la francophonie.

LA FRANCOPHONIE EN MOUVEMENT

Anticipant les conséquences et les risques d'uniformisation de la mondialisation, la Francophonie a cherché, au cours de ces dernières décennies, à organiser son espace de communauté linguistique, fait de diversité et d'identités plurielles. Par le respect de ces différentes cultures, elle s'est distinguée d'un autre modèle qui tend à uniformiser le fonctionnement de la mécanique planétaire. Aujourd'hui, d'autres pays ayant en partage d'autres langues communes, présentes sur plusieurs continents, cherchent à s'inspirer de cette construction en se regroupant au sein de structures lusophones, hispanophones ou encore arabophones.

LES SOMMETS DE L'OIF (1986-2006)

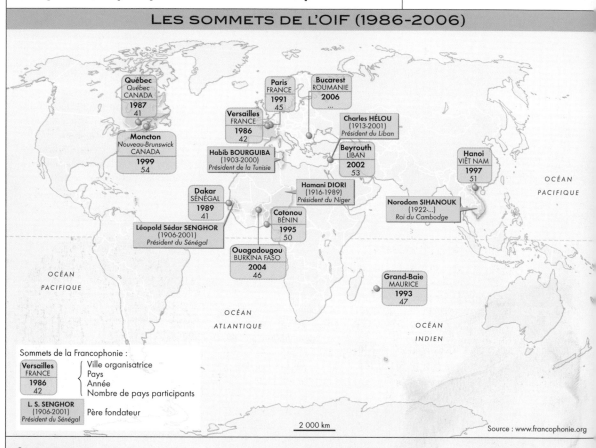

Sommets de la Francophonie :

| Versailles FRANCE 1986 42 | Ville organisatrice / Pays / Année / Nombre de pays participants |

| L. S. SENGHOR (1906-2001) Président du Sénégal | Père fondateur |

2 000 km

Source : www.francophonie.org

Les sommets

Réclamés depuis longtemps par les pères fondateurs, les sommets sont rendus possibles par le règlement, entre la France et le Canada, de la question de la représentation du Québec. Les négociations aboutissent au milieu des années 1980 : l'adhésion à la Francophonie ne sera pas seulement le fait d'États, mais également de gouvernements.

Grands rendez-vous solennels, au cours desquels sont prises les décisions stratégiques et approuvés les programmes d'action, les sommets (organisés en principe tous les deux ans) traduisent la montée en puissance de l'institution.

L'article 3 de la Charte de la francophonie désigne ainsi l'objectif et le sens de ces rencontres au plus haut niveau : « Instance suprême de la francophonie, le sommet définit les grandes orientations politiques et confirme les grandes lignes de la coopération pour les années à venir, de manière à assurer son rayonnement dans le monde et à en satisfaire les objectifs. » Le premier de ces sommets a eu lieu sur le territoire français, dans le prestigieux site de Versailles, en 1986, avec quarante-deux pays représentés. Neuf autres sommets ont eu lieu depuis.

L'organisation en 2006 du sommet de Bucarest (Roumanie), prévue pour la première fois dans un pays d'Europe centrale, souligne bien l'extension de plus en plus planétaire de la construction francophone.

LA CONSTITUTION DE L'OIF DEPUIS 1970

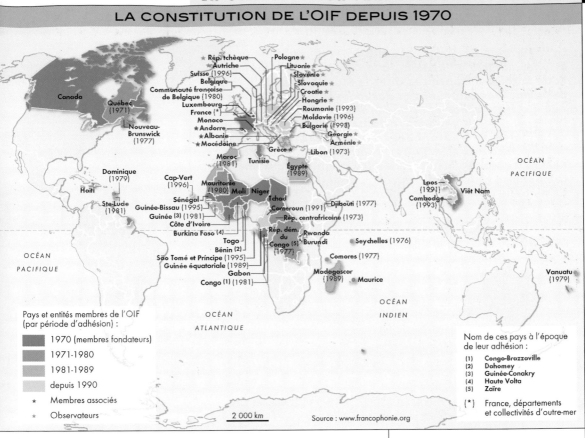

Pays et entités membres de l'OIF
(par période d'adhésion) :

- 1970 (membres fondateurs)
- 1971-1980
- 1981-1989
- depuis 1990
- ★ Membres associés
- ★ Observateurs

Nom de ces pays à l'époque
de leur adhésion :

(1) Congo-Brazzaville
(2) Dahomey
(3) Guinée-Conakry
(4) Haute Volta
(5) Zaïre

(*) France, départements
et collectivités d'outre-mer

2 000 km   Source : www.francophonie.org

Un enjeu de plus en plus planétaire

Le noyau originel fut, d'abord rapidement puis plus progressivement, enrichi par l'apport de nombreux autres membres, dont la première marque d'identité et d'unité était d'avoir la langue française en partage.

Au fil des décennies et de l'évolution mondiale, d'autres pays ou provinces d'États fédéraux se joignirent à cette famille culturelle et linguistique. Progressivement, le partage d'un véhicule commun de communication ne fut plus le critère essentiel pour entrer dans la famille. L'apport de pays francophiles, mais pas obligatoirement francophones, marque, de façon très significative, l'évolution de l'institution. D'un caractère culturel dominant, qui reste un élément identitaire fort et revendiqué, elle s'oriente de plus en plus vers un espace où le politique prend une part essentielle. Évolution politique caractérisée, entre autres, par les missions de bons offices jouées par les instances de la Francophonie dans des situations de crises et de conflits (voir p. 68 à 71).

Forte en 1970, lors de sa création, de 21 membres, la planète Francophonie compte, en 2005, année de son 35ᵉ anniversaire, 53 États ou gouvernements membres (49 de plein droit, 4 associés) et 10 pays observateurs, majoritairement issus de l'Europe centrale et orientale, et regroupant plusieurs pays nouvellement adhérents à l'Union européenne.

La francophonie est le fruit de l'histoire, une richesse culturelle pour tous les continents, un atout considérable pour la mondialisation.

D. WOLTON, *HERMÈS*, N° 40.

Les pères fondateurs

La francophonie institutionnelle est une jeune dame de 35 ans. Fille de la décolonisation, elle fut portée sur les fonts baptismaux par cinq pères fondateurs, issus de pays d'Afrique du Nord et du Proche-Orient, d'Afrique subsaharienne et d'Asie du Sud-Est. Autant de régions de la planète qui, à un moment de leur histoire, furent soumis à la tutelle de la France. Principalement portée par le Sénégalais Léopold Sédar Senghor, le Nigérien Hamani Diori, le Tunisien Habib Bourguiba, l'idée de la Francophonie fut également promue par le Libanais Charles Hélou et le Cambodgien Norodom Sihanouk.

Le 20 mars 1970, quand fut instituée à Niamey (Niger) la première structure intergouvernementale francophone, l'Agence de coopération culturelle et technique (ACCT), la France avait pour président de la République Georges Pompidou.

La répartition géographique des francophones est étroitement liée à l'histoire, à la diffusion de la langue et de la culture françaises dans le monde. C'est à la suite des aventures coloniales et des mouvements migratoires que des francophones sont présents sur l'ensemble de la planète. Selon une nomenclature récente, on distingue désormais les « francophones » (personnes capables de faire face aux situations de communication courante) et les « francophones partiels » (personnes ayant une compétence réduite en français, permettant de faire face à un nombre limité de situations).

Canada

Québec

Nouveau-Brunswick

Rép. tchèque — Pologne ★
★ Autriche — Lituanie ★
Suisse — Slovénie ★
Belgique — Slovaquie
Communauté française — Croatie
de Belgique — Hongrie
Luxembourg — Rouman
France (*) — Moldav
Monaco — Bulgarie
★ Andorre
★ Albanie
★ Macédoine

Grèce ★ — Lib
Tunisie
Maroc
Égypte

Amérique du Nord   **11**
Canada, surtout le Québec, bastion francophone, et Acadie, États-Unis, notamment Louisiane et Nouvelle-Angleterre

Maghreb   **25**
Algérie, Maroc, Tunisie

Haïti

Dominique
Ste-Lucie

Caraïbes   **4**
Haïti, Ste-Lucie, Dominique, Guadeloupe*, Martinique*, Guyane*, St-Martin, St-Barthélemy

Sénégal — Mauritanie
Cap-Vert — Mali — Niger
Guinée-Bissau — Tchad
Guinée — Cameroun — Djibou
Côte d'Ivoire — Rép. centrafricain
Burkina Faso
Togo — Rép. dém. — Rwand
Bénin — du Congo — Burund
São Tomé et Príncipe
Guinée équatoriale — Comore
Gabon
Congo

OCÉAN
PACIFIQUE

OCÉAN
ATLANTIQUE

Afrique subsaharienne   **45**
22 pays (la plus forte concentration géopolitique)

Pays et entités membres de l'OIF
★ Membres associés
★ Pays observateurs
* France, départements et collectivités d'outre-mer
Zone géographique comportant des francophones :

Caraïbes   **4**   Zone, nombre de locuteurs (en millions)
Haïti, Ste-Lucie   Pays constituant cette zone

2 000 km

« Au nombre d'environ 175 millions, les francophones se situent au 9e rang des communautés liguistiques, mais ils sont, avec les anglophones, les seuls présents sur tous les continents. »

MONDE

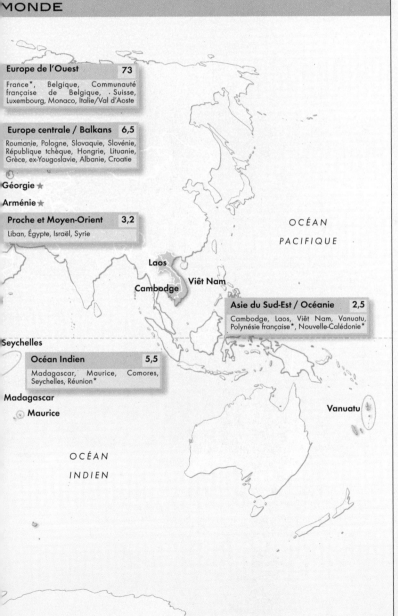

Europe de l'Ouest — 73
France*, Belgique, Communauté française de Belgique, · Suisse, Luxembourg, Monaco, Italie/Val d'Aoste

Europe centrale / Balkans — 6,5
Roumanie, Pologne, Slovaquie, Slovénie, République tchèque, Hongrie, Lituanie, Grèce, ex-Yougoslavie, Albanie, Croatie

Géorgie ★

Arménie ★

Proche et Moyen-Orient — 3,2
Liban, Égypte, Israël, Syrie

OCÉAN PACIFIQUE

Laos
Viêt Nam
Cambodge

Asie du Sud-Est / Océanie — 2,5
Cambodge, Laos, Viêt Nam, Vanuatu, Polynésie française*, Nouvelle-Calédonie*

Seychelles

Océan Indien — 5,5
Madagascar, Maurice, Comores, Seychelles, Réunion*

Madagascar
Maurice

Vanuatu

OCÉAN INDIEN

Source : OIF/HCF, La Francophonie dans le monde, Larousse, Paris, 2005.

Les parlers francophones adaptés

Au gré des évolutions de l'histoire des peuplements, le français parlé sous certaines latitudes a évolué *in vitro*, donnant toute une série de dérivés, généralement désignés sous le vocable de patois et/ou créole, parfois spatialement limités à de très faibles territoires. Ces adaptations ont, progressivement, donné à ce langage recomposé une réalité tout à fait concrète se traduisant dans la vie quotidienne des populations concernées comme la langue de leur espace d'expression.

Les linguistes parlent à leur sujet de langues émergentes : ainsi en est-il de l'haïtien et du seselwa (seychellois). D'autres formes de ces expressions sont extrêmement vivaces dans les îles des Caraïbes, dans celles de l'océan Indien (Réunion, Maurice, Rodrigues, Seychelles). Cette géographie du français adapté s'étend selon les cas avec plus ou moins de dynamisme à l'Amérique du Nord (l'acadien, d'origine saintongeaise et poitevine ; le québécois, d'origine normande et picarde ; le cajun de Louisiane ; en Inde (Pondichéry, Mahé, Yanaon, Karikal, Chandernagor), au Maghreb, au Proche-Orient, en Afrique, dans le Pacifique (caldoche, canaque, polynésien...).

En raison de son passé de colonisée, l'Afrique concentre le plus grand nombre de pays francophones (une trentaine), regroupés dans ses régions nord-ouest et centrale, et le long de sa façade orientale (océan Indien). L'avenir de la francophonie se joue sur ce continent, véritable réserve de forces vives. La progression et le renforcement du français y sont, potentiellement, les plus forts ; mais cette région du monde possède aussi le niveau de développement humain et de scolarisation les plus faibles. C'est donc en Afrique que le devoir de solidarité des francophones doit s'accomplir en priorité.

LES LANGUES OFFICIELLES DANS LES PAYS MEMBRES DE L'OIF

En Afrique du Nord (Maroc, Algérie, Tunisie), le français est à la fois langue seconde et langue d'enseignement, parfois exclusif pour certaines matières. Il jouit d'un réel engouement (en particulier en Algérie, pourtant non membre de l'OIF) et est considéré comme un atout pour effectuer des études supérieures et pour l'accès à la recherche. Mais on déplore le faible nombre d'enseignants, les difficultés de leur recrutement et l'insuffisance des moyens didactiques.

L'Afrique subsaharienne regroupe la majorité des pays francophones du continent, répartis en deux grandes entités géographiques : l'Afrique de l'Ouest et l'Afrique centrale. On y observe, depuis quelques années, un souci de reconnaissance des langues locales qui voient leur place et leur enseignement de plus en plus valorisés (par exemple au Mali), mais l'apprentissage et la maîtrise du français sont admis comme indissociables de cette émergence et indispensables pour favoriser la nécessaire ouverture vers le monde extérieur.

Les pays de l'océan Indien, tous insulaires à l'exception de Djibouti, se caractérisent par des systèmes éducatifs très différents. D'une part, l'ensemble Madagascar-Mayotte-la Réunion-Comores-Djibouti a un système dominé par le français, même si l'arabe occupe une place importante à Djibouti et aux Comores et le malgache à Madagascar. L'ensemble Seychelles-Maurice a adopté un système anglophone.

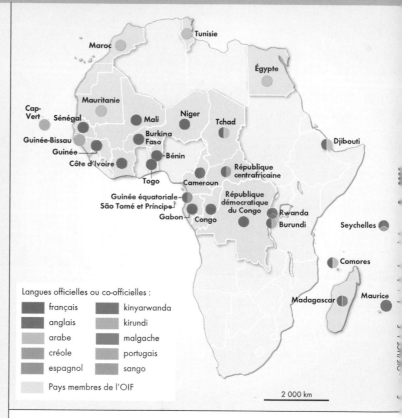

Langues officielles ou co-officielles :
- français
- anglais
- arabe
- créole
- espagnol
- kinyarwanda
- kirundi
- malgache
- portugais
- sango

Pays membres de l'OIF

2 000 km

Des apports multiples et précieux

Dès son origine, la Francophonie a été fortement imprégnée d'Afrique ; trois des pères fondateurs (voir p. 72-73) – Habib Bourguiba (1903-2000), Hamani Diori (1916-1989) et Léopold S. Senghor (1906-2001) – étaient africains. L'actuel secrétaire général de l'OIF est l'ancien président sénégalais Abdou Diouf ; il a succédé à l'Égyptien Boutros Boutros-Ghali, ancien ministre des Affaires étrangères de son pays. D'autres hauts responsables, issus de différents pays du continent (Gabon, Niger, Maroc, Tunisie) se sont illustrés, depuis plus de trente ans, à la tête des diverses administrations et institutions francophones.

LA DÉMOGRAPHIE DES PAYS AFRICAINS FRANCOPHONES

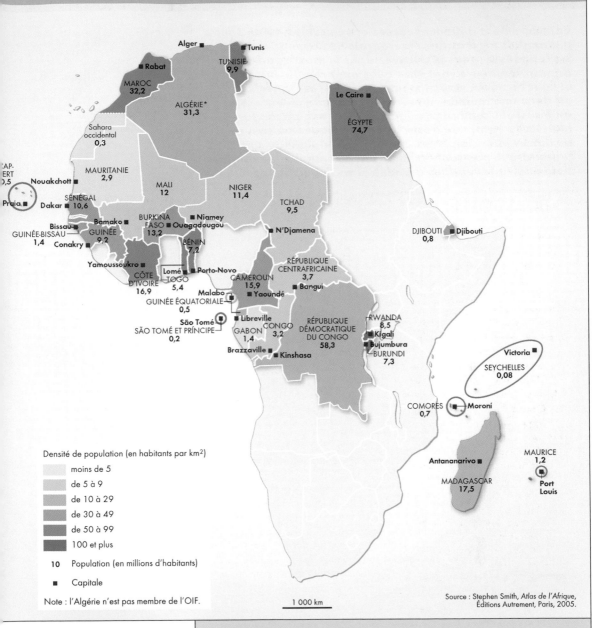

Alger ■ ■ Tunis

TUNISIE
9,9

■ Rabat

MAROC
32,2

ALGÉRIE*
31,3

Le Caire ■

ÉGYPTE
74,7

Sahara
occidental
0,3

CAP-
VERT
0,5

Nouakchott ■

MAURITANIE
2,9

MALI
12

NIGER
11,4

TCHAD
9,5

Praia ■

SÉNÉGAL
Dakar ■ 10,6

Bamako ■

BURKINA
FASO ■ Niamey
13,2 ■ Ouagadougou

DJIBOUTI ■ Djibouti
0,8

Bissau ■
GUINÉE-BISSAU
1,4   Conakry ■

GUINÉE
9,2

N'Djamena ■

BÉNIN
7,2

Yamoussoukro ■

Lomé
TOGO
5,4

■ Porto-Novo

CÔTE
D'IVOIRE
16,9

CAMEROUN
15,9

RÉPUBLIQUE
CENTRAFRICAINE
3,7

Malabo ■
GUINÉE ÉQUATORIALE
0,5

■ Yaoundé

■ Bangui

RWANDA
8,5

Victoria ■

Libreville ■
GABON
1,4

São Tomé ■
SÃO TOMÉ ET PRÍNCIPE
0,2

CONGO
3,2

Brazzaville ■

Kinshasa ■

RÉPUBLIQUE
DÉMOCRATIQUE
DU CONGO
58,3

Kigali ■

Bujumbura ■
BURUNDI
7,3

SEYCHELLES
0,08

COMORES ■ ■ Moroni
0,7

MAURICE
1,2

Antananarivo ■

MADAGASCAR
17,5

Port
Louis

Densité de population (en habitants par km²)

	moins de 5
	de 5 à 9
	de 10 à 29
	de 30 à 49
	de 50 à 99
	100 et plus

10   Population (en millions d'habitants)

■   Capitale

Note : l'Algérie n'est pas membre de l'OIF.

1 000 km

Source : Stephen Smith, *Atlas de l'Afrique*,
Éditions Autrement, Paris, 2005.

*C'est sur ce continent,
véritable réserve
de forces vives,
que se joue l'avenir
de la francophonie.*

L'exemple du Maroc

Au Maroc, les deux tiers de la population ont l'arabe dialectal comme langue maternelle et véhiculaire ; l'arabe classique étant usité dans l'enseignement religieux et pour les écrits, c'est-à-dire la langue du pouvoir et de l'administration. Le berbère (ou amazigh) est également très parlé ; les estimations concernant sa pratique varient, selon les sources, entre 35 et 60 %.

Le français est donc, *de facto*, troisième langue du pays, pratiquée par l'élite intellectuelle et politique et le monde des affaires, ainsi que dans l'enseignement primaire et secondaire ; 3,2 millions de scolarisés étudient le français, 260 000 étudient en français et à peu près le même nombre étudient dans les deux langues (arabe et français) dans des établissements privés (primaires et secondaires).

LE FRANÇAIS DANS LE MONDE

Contrairement aux idées reçues et véhiculées, ce ne sont ni l'anglais ni, a fortiori, le français ou l'espagnol qui sont les langues les plus pratiquées dans le monde, même si, dans la réalité, ce sont elles qui s'exportent le mieux et sont reconnues au plan international. Le français et, dans une moindre mesure, l'espagnol doivent mener un incessant combat pour garder leur rang de langue planétaire reconnue, respectée et pratiquée au sein des instances internationales. Toutefois, le multilinguisme tend à prendre le pas sur le bilinguisme, créant une dynamique nouvelle en faveur des grandes aires linguistiques.

LES LANGUES PARLÉES PAR LES 15-24 ANS EN 2050

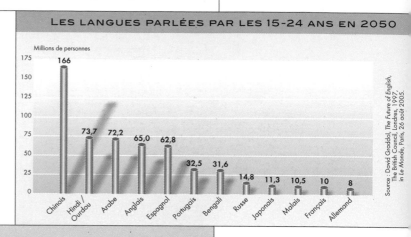

Millions de personnes

Chinois : 166 ; Hindi/Ourdou : 73,7 ; Arabe : 72,2 ; Anglais : 65,0 ; Espagnol : 62,8 ; Portugais : 32,5 ; Bengali : 31,6 ; Russe : 14,8 ; Japonais : 11,3 ; Malais : 10,5 ; Français : 10 ; Allemand : 8

Source : David Graddol, *The Future of English*, The British Council, Londres, 1997, in *Le Monde*, Paris, 26 août 2005.

Une langue officielle parmi d'autres

Parmi les milliers de langues pratiquées sur la planète, une centaine d'entre elles, adoptées par les États comme langues officielles, jouissent en conséquence d'une reconnaissance internationale. Leur poids réel est certes dicté par le nombre et l'importance des États concernés, mais aussi par le nombre de locuteurs pour lesquels elle constitue la langue naturelle ou la langue imposée par les péripéties de l'histoire.

De ce point de vue numérique, le chinois est la langue la plus parlée dans le monde, devant l'anglais ; le français se place au neuvième rang.

Dans un demi-siècle, le chinois devrait conserver la première place, mais l'hindi-ourdou et l'arabe se partageront, presque à égalité, la deuxième place, reléguant l'anglais en quatrième position, devant l'espagnol.

« La place du français a été constamment reconnue [...] mais sa légitimité comme langue de communication de moins en moins admise, et son maintien apparaît comme une contrainte, non comme une nécessité pratique. »
H. BOURGES, RAPPORT À L'OIF, JO D'ATHÈNES, 2004.

Derrière l'anglais, mais sur tous les continents

Les langues internationales ont évolué au cours des siècles. Depuis plusieurs décennies, l'anglais est devenue la première d'entre elles. Le français partage avec l'anglais le double avantage d'être langue de travail des grandes institutions internationales et d'être présent sur les cinq continents. Mais il a perdu de sa superbe, comparativement à une époque (XVIIIe et XIXe siècles) où il étendait son emprise culturelle sur l'Europe et était langue diplomatique mondiale. Son influence, malgré un nombre de locuteurs très inférieur à celui de plusieurs autres langues, reste importante et le combat engagé par l'OIF pour défendre la diversité culturelle constitue un élément fort de sa revitalisation. Au même titre d'ailleurs que d'autres langues qui jouissent d'une diffusion internationale (espagnol, portugais, arabe) et se sont, elles aussi, organisées en communautés de langues et de pensées.

LA PRATIQUE DU FRANÇAIS AU SEIN DES ORGANISATIONS INTERNATIONALES

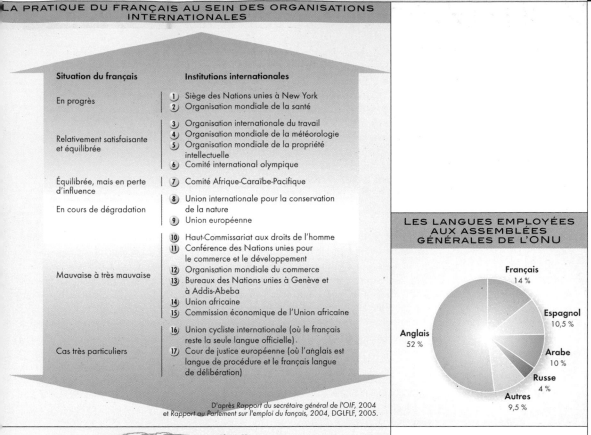

Situation du français	Institutions internationales
En progrès	(1) Siège des Nations unies à New York (2) Organisation mondiale de la santé
Relativement satisfaisante et équilibrée	(3) Organisation internationale du travail (4) Organisation mondiale de la météorologie (5) Organisation mondiale de la propriété intellectuelle (6) Comité international olympique
Équilibrée, mais en perte d'influence	(7) Comité Afrique-Caraïbe-Pacifique
En cours de dégradation	(8) Union internationale pour la conservation de la nature (9) Union européenne
Mauvaise à très mauvaise	(10) Haut-Commissariat aux droits de l'homme (11) Conférence des Nations unies pour le commerce et le développement (12) Organisation mondiale du commerce (13) Bureaux des Nations unies à Genève et à Addis-Abeba (14) Union africaine (15) Commission économique de l'Union africaine
Cas très particuliers	(16) Union cycliste internationale (où le français reste la seule langue officielle). (17) Cour de justice européenne (où l'anglais est langue de procédure et le français langue de délibération)

D'après *Rapport du secrétaire général de l'OIF*, 2004 et *Rapport au Parlement sur l'emploi du français*, 2004, DGLFLF, 2005.

LES LANGUES EMPLOYÉES AUX ASSEMBLÉES GÉNÉRALES DE L'ONU

Français 14 %
Espagnol 10,5 %
Anglais 52 %
Arabe 10 %
Russe 4 %
Autres 9,5 %

Le français au sein des institutions internationales

Le français subit une lente érosion, mais un nouvel engouement pour son apprentissage par les étudiants, les diplomates et les fonctionnaires se manifeste (voir p. 18-19). De nombreuses initiatives de l'OIF trouvent dans les autres ensembles linguistiques des alliés de poids dans le combat pour le respect de la diversité culturelle.

Les initiatives en faveur du français

La Francophonie s'est préoccupée, dès ses premiers sommets, de la dégradation de la situation du français dans les organisations internationales. Chaque rencontre a ainsi vu son lot de résolutions adoptées pour tenter d'y remédier. Dès 1992, des représentants permanents de la Francophonie ont été nommés à New York, Genève, Bruxelles, Addis-Abeba. En 1997, au sommet d'Hanoi, un plan d'urgence a été adopté pour la relance du français ; début 2002, un plan pluriannuel en faveur du développement de la langue française a été mis en place par plusieurs pays de l'Union européenne. Parallèlement, en 2002, le sommet de Beyrouth a rendu plus stricts les critères d'adhésion à l'OIF en matière d'emploi de la langue française et a renforcé les engagements souscrits en matière de soutien à l'utilisation du français. Dans ce même esprit, les initiatives et rapprochements avec les autres ensembles linguistiques se multiplient.

LES LANGUES EMPLOYÉES DANS LES RAPPORTS DE L'UE

Français 30 %
Anglais 57 %
Allemand 4 %
Autres 9 %

L'Europe originelle, organisée autour des six pays fondateurs, dont trois francophones, n'est plus qu'un lointain souvenir au regard de l'Europe à 25 née le 1ᵉʳ mai 2004. La position du français n'a cessé de reculer depuis les années 1950, avec une dégradation de la situation de plus en plus évidente à partir de 1995. Toutefois, la diversité linguistique est formellement garantie par les textes juridiques. Ce principe n'est pas remis en cause, mais au contraire renforcé par l'élargissement. La France et ses partenaires se mobilisent pour le faire respecter.

Le français « européen » entre le chaud et le froid...

Les signes d'inquiétude quant à la situation du français en Europe ne manquent pas. Le glissement progressif vers l'anglais apparaît à certains comme inéluctable ; en tout état de cause, il s'accentue dans les instances supranationales du continent. Ainsi, alors que 58 % des documents émanant de la Commission de Bruxelles étaient rédigés en français en 1986, la proportion n'était plus que de 30 % quinze ans plus tard. La situation est encore pire au Conseil de l'Union et à la Banque centrale européenne, où les infractions aux règles linguistiques tendent à se multiplier au détriment de l'usage du français.

DES RAISONS D'ESPÉRER

Le français reste la seconde langue d'Europe en nombre de locuteurs ; elle demeure aussi l'une des trois langues de travail, avec l'anglais et l'allemand, au Conseil européen ; les trois villes sièges des institutions de l'Union (Bruxelles, Luxembourg, Strasbourg) sont toutes trois francophones. Le nombre de fonctionnaires et élus des pays européens autres que francophones et souhaitant bénéficier d'un apprentissage ou d'un approfondissement de leurs connaissances en français est en très forte croissance (+ 30 % entre 2000 et 2004). Cinq des dix nouveaux membres de l'Union (Lituanie, Pologne, Slovaquie, Slovénie et République tchèque) sont membres observateurs de l'OIF.

L'enseignement obligatoire de deux langues étrangères dans les systèmes éducatifs des pays européens tend à favoriser la langue française ; par ailleurs, un plan pluriannuel en faveur du développement de la langue française a été mis en place, début 2002, par plusieurs pays de l'Union. La présence de plus en plus forte de la chaîne TV5Monde dans un certain nombre de pays (6 millions de foyers en Pologne, 2,5 millions en Roumanie, 620 000 en Bulgarie) constitue une autre source d'encouragement.

La francophonie en Pologne

Le français y est la quatrième langue étrangère après le russe, l'anglais et l'allemand. Mais l'abandon progressif du russe se fait au profit du français : des collèges d'enseignement en français ont été créés, des professeurs de russe sont reconvertis. Six lycées du pays délivrent des cours dans des classes bilingues polonais-français. Plus de 1 500 étudiants suivent une formation dans une dizaine d'instituts d'études romanes.

> **❝** *Il y a [dans les Peco] un paradoxe entre la force irrésistible de l'anglais et la vitalité et le dynamisme des promoteurs locaux de la langue française.* **❞**
>
> A. KRASTEVA, PROFESSEUR À LA NOUVELLE UNIVERSITÉ BULGARE, LORS DU COLLOQUE « LE FRANÇAIS, LANGUE DU MONDE », BRUXELLES, 19-20 MARS 2002.

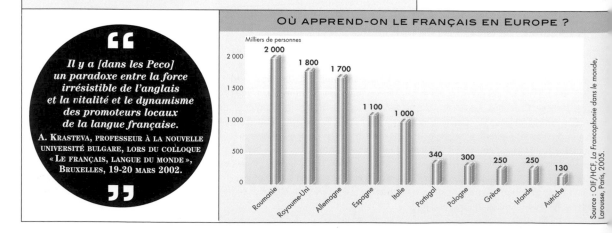

OÙ APPREND-ON LE FRANÇAIS EN EUROPE ?

Milliers de personnes

Roumanie	Royaume-Uni	Allemagne	Espagne	Italie	Portugal	Pologne	Grèce	Irlande	Autriche
2 000	1 800	1 700	1 100	1 000	340	300	250	250	130

Source : OIF/HCF, *La Francophonie dans le monde*, Larousse, Paris, 2005.

LA SITUATION DE L'ENSEIGNEMENT DE LA LANGUE FRANÇAISE DANS LES DIFFÉRENTS PAYS EUROPÉENS

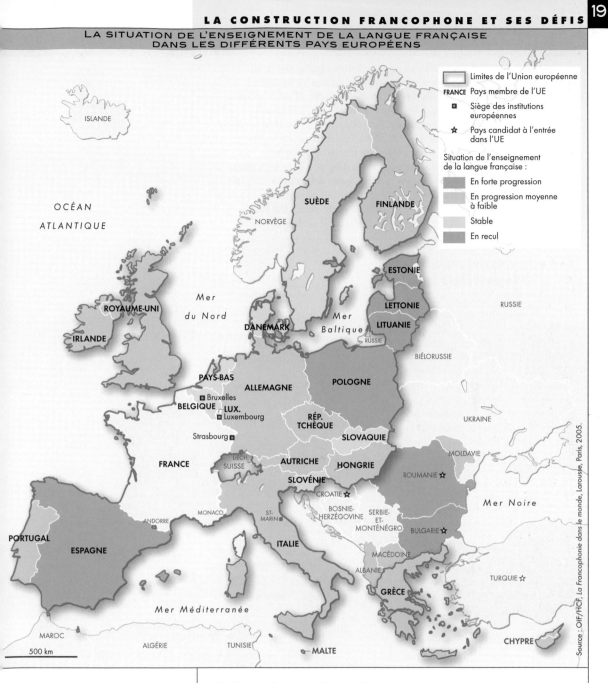

L'alliance franco-allemande

Comme le français, l'allemand est menacé dans son statut de langue de travail ; les deux pays entendent resserrer leur coopération linguistique après le constat de l'effondrement de l'enseignement de leurs langues respectives dans l'un et l'autre pays. Ils conjuguent aussi leurs efforts pour imposer l'enseignement obligatoire en Europe de deux langues étrangères : le français comme l'allemand ont tout à y gagner et les résultats sont déjà positifs. Cette mesure s'inscrit dans le cadre du Plan d'action pour les langues (2004-2006), qui complète une initiative de la Francophonie, « Regards croisés sur les espaces germaniques et francophones », développée avec l'Autriche, l'Allemagne, la Belgique et la Suisse. Des expériences pilotes sont menées en Pologne par les Alliances françaises et les Instituts Goethe offrant des formations couplées pour s'initier ou se perfectionner en français et en allemand.

Institution relativement jeune, la Francophonie a dû s'adapter au succès grandissant qu'elle a rencontré et qui s'est traduit par une forte demande d'adhésions. Cette rapide évolution, conjuguée aux sollicitations de plus en plus nombreuses, l'a conduite à se doter d'une nouvelle structure – l'OIF et son secrétariat général –, traduisant l'émergence d'une véritable dimension politique, et à mieux s'impliquer sur la scène internationale. En novembre 2005, une nouvelle charte, adoptée par les ministres à Antananarivo (Madagascar), réforme le dispositif institutionnel en faisant de l'OIF une organisation intergouvernementale unique.

La Conférence des chefs d'État et de gouvernement

C'est la Conférence des chefs d'État et de gouvernement (désignée par le terme « Sommet », voir p. 10-11) des pays ayant le français en partage, convoquée (sauf situation exceptionnelle) tous les deux ans, qui constitue l'instance politique suprême.

Ces sommets sont accompagnés, préparés et suivis par la Conférence ministérielle de la Francophonie, cette dernière étant composée des ministres des Affaires étrangères ou des ministres en charge de la Francophonie des pays membres.

La Conférence des chefs d'État et de gouvernement recommande l'admission des nouveaux membres ou observateurs. La Conférence bénéficie du concours du Conseil permanent de la Francophonie, organe composé de représentants désignés et accrédités par les différents États membres et présidé par le secrétaire général de la Francophonie. La mission de ces deux structures est de préparer les sommets, de veiller à l'exécution des décisions prises, de procéder aux évaluations des programmes, d'animer, de coordonner et d'arbitrer en cas de besoin.

L'OIF s'appuie également sur les travaux de différentes Conférences ministérielles, dont deux sont permanentes, celle des ministres de l'Éducation (Confémen) et celle des ministres de la Jeunesse et des Sports (Conféjes).

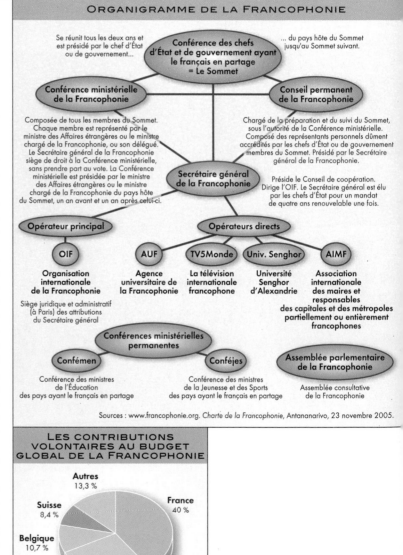

ORGANIGRAMME DE LA FRANCOPHONIE

Se réunit tous les deux ans et est présidé par le chef d'État ou de gouvernement...

Conférence des chefs d'État et de gouvernement ayant le français en partage = Le Sommet

... du pays hôte du Sommet jusqu'au Sommet suivant.

Conférence ministérielle de la Francophonie

Composée de tous les membres du Sommet. Chaque membre est représenté par le ministre des Affaires étrangères ou le ministre chargé de la Francophonie, ou son délégué. Le Secrétaire général de la Francophonie siège de droit à la Conférence ministérielle, sans prendre part au vote. La Conférence ministérielle est présidée par le ministre des Affaires étrangères ou le ministre chargé de la Francophonie du pays hôte du Sommet, un an avant et un an après celui-ci.

Conseil permanent de la Francophonie

Chargé de la préparation et du suivi du Sommet, sous l'autorité de la Conférence ministérielle. Composé des représentants personnels dûment accrédités par les chefs d'État ou de gouvernement membres du Sommet. Présidé par le Secrétaire général de la Francophonie.

Secrétaire général de la Francophonie

Préside le Conseil de coopération. Dirige l'OIF. Le Secrétaire général est élu par les chefs d'État pour un mandat de quatre ans renouvelable une fois.

Opérateur principal

OIF — Organisation internationale de la Francophonie. Siège juridique et administratif (à Paris) des attributions du Secrétaire général

Opérateurs directs

AUF — Agence universitaire de la Francophonie

TV5Monde — La télévision internationale francophone

Univ. Senghor — Université Senghor d'Alexandrie

AIMF — Association internationale des maires et responsables des capitales et des métropoles partiellement ou entièrement francophones

Conférences ministérielles permanentes

Confémen — Conférence des ministres de l'Éducation des pays ayant le français en partage

Conféjes — Conférence des ministres de la Jeunesse et des Sports des pays ayant le français en partage

Assemblée parlementaire de la Francophonie — Assemblée consultative de la Francophonie

Sources : www.francophonie.org. *Charte de la Francophonie*, Antananarivo, 23 novembre 2005.

LES CONTRIBUTIONS VOLONTAIRES AU BUDGET GLOBAL DE LA FRANCOPHONIE

Autres 13,3 %
France 40 %
Suisse 8,4 %
Belgique 10,7 %
Canada 27,6 %

Source : AIF.

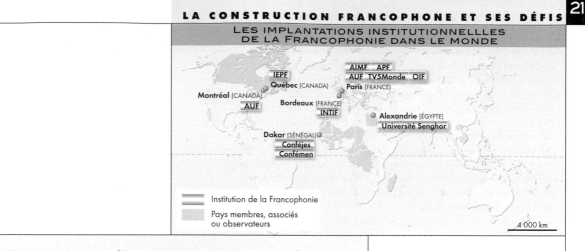

LES IMPLANTATIONS INSTITUTIONNELLES
DE LA FRANCOPHONIE DANS LE MONDE

IEPF
Québec (CANADA)
Montréal (CANADA)
AUF
Bordeaux (FRANCE)
INTIF
Dakar (SÉNÉGAL)
Conféjes
Confémen

AIMF APF
AUF TV5Monde OIF
Paris (FRANCE)

Alexandrie (ÉGYPTE)
Université Senghor

━━━ Institution de la Francophonie

▨ Pays membres, associés
ou observateurs

4 000 km

Le Secrétariat général

Mis en place lors du sommet d'Hanoi en 1997, il vient compléter le dispositif institutionnel. Le secrétaire général est élu par les chefs d'État et de gouvernement pour un mandat de quatre ans renouvelable une fois. Le premier fut l'Égyptien Boutros Boutros-Ghali, ancien ministre des Affaires étrangères d'Égypte et ancien secrétaire général des Nations unies. En 2002, au sommet de Beyrouth, l'ancien président du Sénégal, Abdou Diouf, lui succède.

Le secrétaire général assume trois missions principales :
– représenter la Francophonie et assurer sa visibilité au plan international ;
– mettre en œuvre la politique et la diplomatie de l'organisation ;
– animer la coopération multilatérale et proposer, en concertation avec les opérateurs de l'institution, les axes d'action prioritaires.

Il dispose des services de la Délégation aux droits de l'homme et à la démocratie (DDHD) ; son action est relayée par quatre représentations permanentes auprès des Nations unies, de l'Union européenne, de l'Union africaine et de la Commission économique pour l'Afrique (CEA) ainsi que par plusieurs bureaux régionaux.

LE HAUT CONSEIL DE LA FRANCOPHONIE est placé sous sa tutelle. Composé de 37 membres indépendants, il est chargé d'assurer une fonction de réflexion sur les tendances, les évolutions et l'avenir de la Francophonie.

L'ASSEMBLÉE PARLEMENTAIRE DE LA FRANCOPHONIE (APF) est l'assemblée consultative de l'OIF. Constituée de sections de 74 organisations parlementaires des États et communautés francophones, elle participe au renforcement des institutions démocratiques par l'adoption de textes transmis aux instances de l'organisation, par des missions de bons offices et d'observation électorale. Elle conduit des actions de coopération interparlementaire, principalement en direction des parlements des pays du Sud, et organise des stages de formation.

« La Francophonie, c'est le combat pour certaines valeurs [...] une approche originale qui fait avancer en profondeur ces chantiers de la démocratie et des droits de l'homme.
A. DIOUF, SECRÉTAIRE GÉNÉRAL DE L'OIF, « FRANCOPHONIE ET MONDIALISATION », HERMÈS, N° 40, 2004. »

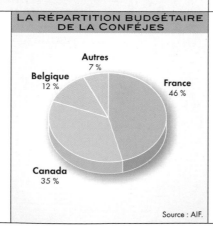

LA RÉPARTITION BUDGÉTAIRE
DE LA CONFÉJES

Autres
7 %
Belgique
12 %
France
46 %
Canada
35 %

Source : AIF.

L'ARCHITECTURE FRANCOPHONE

Répondant au souci de mieux embrasser l'ensemble des défis mondiaux et de s'impliquer davantage dans la gouvernance planétaire, la Francophonie s'est dotée d'outils techniques correspondant à ses mandats et engagements prioritaires : les opérateurs directs. Ils sont au nombre de quatre : TV5Monde, l'Association internationale des maires francophones (AIMF), l'Agence universitaire de la francophonie et l'université Senghor d'Alexandrie (l'action de ces deux derniers opérateurs est développée en pages 60-61). Autour des opérateurs, plusieurs instances partenaires aux statuts juridiques variés viennent enrichir la coopération multilatérale francophone.

TV5Monde : l'image de la Francophonie dans le monde

Relayée par 59 transpondeurs satellitaires et reprise par 6 000 réseaux câblés, présente sur 70 % des bouquets numériques dans le monde, TV5Monde émet 24 heures sur 24 et reste le seul vecteur télévisuel en langue française disponible quasiment partout. Ses programmes quotidiens, en partie fournis par les chaînes des pays membres, sont constitués de 18 rendez-vous d'information (dont un entièrement consacré à l'Afrique), de cinéma, de fictions, d'émissions pour la jeunesse, de magazines dédiés à la diversité culturelle francophone, de sport, de « spéciales » en direct depuis tous les horizons de la Francophonie. TV5Monde collabore avec le Cirtef pour produire des magazines consacrés aux réalités de la francophonie du Sud. Les publics touchés sont estimés à 73 millions de téléspectateurs par semaine. Les sous-titrages existent en dix langues. La diffusion télévisuelle est relayée par le site Internet, désormais considéré comme le 9e signal de TV5Monde, offrant des informations sur les divers programmes, la météo, la Bourse, la chanson, les jeux, l'accès aux journaux télévisés, aux dépêches d'actualité, à la collection « Cités du monde » et à des conseils utiles pour les voyageurs. TV5Monde, c'est aussi la plus grande classe de français du monde, grâce à son dispositif « Apprendre et enseigner avec TV5Monde », qui offre des outils pédagogiques pour approfondir la connaissance du français à partir des émissions et des contenus en ligne.

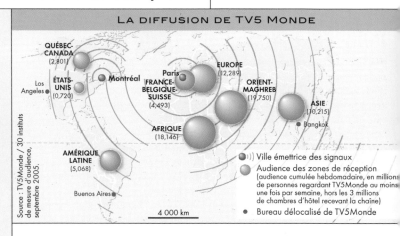

LA DIFFUSION DE TV5 MONDE

QUÉBEC-CANADA (2,801)
EUROPE (12,289)
Los Angeles
ÉTATS-UNIS (0,720)
Montréal
Paris FRANCE-BELGIQUE-SUISSE (4,493)
ORIENT-MAGHREB (19,750)
ASIE (10,215)
Bangkok
AFRIQUE (18,146)
AMÉRIQUE LATINE (5,068)
Buenos Aires

Source : TV5Monde / 30 instituts de mesure d'audience, septembre 2005.

4 000 km

))) Ville émettrice des signaux
Audience des zones de réception (audience cumulée hebdomadaire, en millions de personnes regardant TV5Monde au moins une fois par semaine, hors les 3 millions de chambres d'hôtel recevant la chaîne)
Bureau délocalisé de TV5Monde

L'Intif : outil de solidarité de la société informatique

Installé à Bordeaux (France), l'Institut des nouvelles technologies de l'information et de la formation (Intif) est à la fois une direction et un organe subsidiaire de l'OIF. Il est spécialement chargé de la mise en œuvre de la société de l'information (renforcement de la capacité d'action des États, participation concertée des francophones aux débats internationaux), de relever le défi de la fracture numérique (programme de formation des formateurs, développement d'outils et de supports), de valoriser et de partager les contenus numériques documentaires et archivistiques francophones, via le Carrefour international francophone de documentation et d'information (Cifdi) et le Fonds francophone des inforoutes.

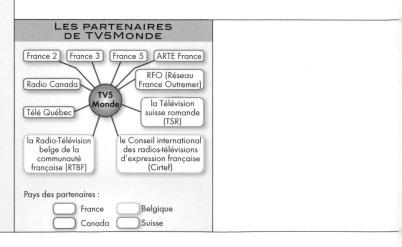

LES PARTENAIRES DE TV5MONDE

France 2 — France 3 — France 5 — ARTE France
Radio Canada
RFO (Réseau France Outremer)
TV5 Monde
Télé Québec
la Télévision suisse romande (TSR)
la Radio-Télévision belge de la communauté française (RTBF)
le Conseil international des radios-télévisions d'expression française (Cirtef)

Pays des partenaires :
France Belgique
Canada Suisse

L'IEPF : gardien de la conscience environnementale

« Les préoccupations environnementales doivent faire partie intégrante du développement durable, et ce au même titre que les dimensions économiques et sociales » : ce souci, exprimé par plusieurs ministres lors de la préparation du sommet de Ouagadougou fin 2004, relève du mandat de l'Institut de l'énergie et de l'environnement de la francophonie (IEPF). Cet organe subsidiaire de l'OIF, créé en 1998 et basé à Québec (Canada), a en effet pour priorité le renforcement des capacités humaines et institutionnelles, ainsi que l'échange d'expériences, la diffusion de l'information et la mobilisation de l'expertise francophone. Il s'est également donné pour objectif l'accompagnement de la mise en œuvre des grandes conventions internationales sur la biodiversité, le changement climatique et la désertification dans les pays composant l'espace francophone.

> " *Le succès [de la Francophonie] dépend de l'efficacité des structures et des hommes qui prennent en charge l'accomplissement du projet.* "
> **L. S. SENGHOR,** DISCOURS PRONONCÉ AU SIÈGE DE L'ACCT (1985).

LES VILLES MEMBRES DE L'AIMF

AFRIQUE				ASIE	
	COMORES	**MADAGASCAR**	**SÉNÉGAL**		Marseille
	Moroni	Antananarivo	Dakar	**ARMÉNIE**	Montreuil
BÉNIN	Fomboni	Antsirabe	Kaolack	Erevan	Nancy
Porto-Novo	Mutsamudu	Diego-Suarez	Saint-Louis		Nantes
Abomey		Toamasina	Thiès	**CAMBODGE**	Tours
Cotonou	**CONGO**		Ziguinchor	Phnom Penh	
Cové	**Brazzaville**	**MALI**		Siem Reap	**ITALIE**
Lokossa	Dolisie	Bamako	**SEYCHELLES**		Aoste
Ouidah	Mossendjo	Gao	Victoria	**GÉORGIE**	
Nikki	Nkayi	Kayes		Tbilissi	**LUXEMBOURG**
Parakou	Ouesso	Mopti	**TCHAD**		Luxembourg
	Pointe-Noire	Sikasso	N'Djaména	**LAOS**	
BURKINA FASO		Tombouctou	Abéché	Vientiane	**MACÉDOINE**
Ouagadougou	**CONGO**		Doba		Skopje
Banfora	**(République**	**MAROC**	Moundou	**LIBAN**	
Bobo-Dioulasso	**démocratique du)**	Rabat	Sarh	Beyrouth	**MOLDAVIE**
Dédougou	**Kinshasa**	Casablanca		Tripoli	Chisinau
Ouahigouya	Bandundu	Marrakech	**TOGO**	Zahlé	
Tenkodogo	Lubumbashi	Meknès	Lomé		**MONACO**
Yako		Tanger	Aného	**VIÊT NAM**	Monaco
	CÔTE D'IVOIRE		Kara	Hanoi	
BURUNDI	Yamoussoukro	**MAURICE**	Sokodé	Hô Chi Minh-Ville	**ROUMANIE**
Bujumbura	Abidjan	Port Louis		Huê	Bucarest
Ngozi	Bouaké	Beau Bassin - Rose Hill	**TUNISIE**		Iasi
			Tunis		Ploiesti
CAMEROUN	**DJIBOUTI**	**MAURITANIE**	Bizerte	EUROPE	
Yaoundé	**Djibouti**	Nouakchott	Monastir		**SUISSE**
Douala		Atar	Sfax	**ALBANIE**	Genève
Dschang	**ÉGYPTE**	Kaedi	Sousse	Tirana	Lausanne
Ebolowa	**Le Caire**	Kiffa			
Edea	Alexandrie	Nouadhibou	AMÉRIQUE	**BELGIQUE**	OCÉANIE
Garoua	Port-Saïd	Rosso		Bruxelles	
Limbé			**CANADA**	Liège	**VANUATU**
Ngaoundéré	**GABON**	**NIGER**	**Ottawa**	Namur	Port-Vila
	Libreville	Niamey	Gatineau		
CAP-VERT	Franceville	Agadez	Moncton	**BULGARIE**	
Praïa	Lambaréné	Diffa	Montréal	Sofia	
Mindelo	Oyem	Dosso	Québec		
	Port-Gentil	Maradi		**FRANCE**	Note : La capitale du pays
CENTRAFRICAINE		Tahoua	**HAÏTI**	Paris	est indiquée en gras.
(République)	**GUINÉE**	Tillaberi	Port-au-Prince	Bordeaux	
Bangui	**Conakry**	Zinder	Carrefour	Le Havre	Source : www.aimf.asso.fr
	Kindia		Pétionville	Lille	(liste arrêtée
	Labé	**RWANDA**		Lyon	au 15 janvier 2006).
	Télimélé	**Kigali**			

Les acteurs partenaires

Outre la Confémen et la Conféjes, les autres partenaires sont :
• le Comité international des Jeux de la Francophonie, qui organise cette manifestation tous les quatre ans ;
• les Organisations internationales non gouvernementales francophones, fort de 63 membres, représentant de la société civile francophone ;
• le Forum francophone des affaires qui réunit le secteur privé.

L'AIMF : le lien avec les collectivités territoriales

L'Association internationale des maires francophones (AIMF) est l'opérateur de l'OIF pour tout ce qui concerne les collectivités territoriales et plus particulièrement le développement urbain ; elle regroupe 115 capitales ou grandes villes issues d'une cinquantaine de pays. Elle se veut à la fois forum de concertation entre dirigeants des cités urbaines et réseau de coopération destiné au renforcement de la démocratie locale. Elle élabore des projets principalement autour des thématiques de l'amélioration des conditions de vie des populations et de la modernisation de la gestion municipale. Son président est le maire de Paris.

La Francophonie n'est pas la seule communauté organisée de façon intergouvernementale autour d'une langue commune héritée de l'histoire. C'est le premier ensemble à s'être donné des objectifs ouvertement stratégiques en matière de défense de la diversité, de promotion de la démocratie et de relations internationales fondées sur le multilatéralisme. La constitution de grands pôles culturels et linguistiques – voire politiques – apparaît comme l'une des clés de la multipolarité, dans un monde où, souligne le diplomate André Lewin, « seuls les plus forts ou les plus fermement regroupés peuvent espérer jouer un rôle et exercer une influence ».

Les grandes alliances à base linguistique

LE COMMONWEALTH OF NATIONS, fédération d'États souverains issus de l'Empire britannique, tous anglophones, est né en 1931 ; il compte aujourd'hui 53 pays (dont 7 sont aussi membres de l'OIF). Comme en Francophonie, les ONG jouent un rôle important, en formant un vaste réseau d'organisations de services à vocation professionnelle, culturelle ou sportive.

LA LIGUE DES ÉTATS ARABES est née le 22 mars 1945, avec pour ambition de représenter l'ensemble de la « Nation arabe », et donc, au-delà de la langue, une civilisation et une culture communes. Elle compte aujourd'hui 22 membres (21 pays + l'OLP). La Ligue a d'abord un rôle de coordination des positions de ses membres sur les grandes questions internationales. En matière de coopération économique ou culturelle, la Ligue a un pouvoir d'impulsion et de coordination, notamment grâce à des organes spécialisés.

L'ORGANISATION DES ÉTATS IBÉRO-AMÉRICAINS POUR L'ÉDUCATION, LA SCIENCE ET LA CULTURE (OEI) est née en 1949 sous le nom de Bureau de l'éducation ibéro-américaine ; elle a pris son nom actuel en 1985. L'OEI promeut « le développement de l'éducation et la culture comme alternatives pour la construction de sociétés justes et pacifiques ». Cette association luso-hispanique compte actuellement 24 membres, hispanophones à l'exception du Portugal et du Brésil. En 1991, l'OEI a créé le Secrétariat de la coopération ibéro-américaine (devenu Segib en 2005), dont la mission est de renforcer la coopération entre les membres.

LES SOMMETS DES PAYS TURCOPHONES. En 1991, l'éclatement de l'Union soviétique donne naissance dans le Caucase et en Asie centrale à de nouvelles républiques, dont cinq au moins partagent avec la Turquie des affinités linguistiques. Dès janvier 1992, la Turquie a créé l'Agence turque de coopération internationale (Tica), afin de coordonner l'ensemble des actions économiques et culturelles avec ces républiques turcophones. Des centaines d'accords à la fois bilatéraux et multilatéraux sont signés. L'un des plus importants porte sur l'adoption d'un alphabet latin commun, alors que la Russie appuie le maintien du cyrillique et l'Iran et l'Arabie saoudite, le retour de l'arabo-persan.

LA COMMUNAUTÉ DES PAYS DE LANGUE PORTUGAISE (CPLP) a été fondée en 1996 à Lisbonne. Elle compte aujourd'hui huit membres, soucieux de réaffirmer notamment que la langue portugaise « constitue, entre leurs peuples, un lien historique et un patrimoine commun ». Pour devenir membre, un État doit utiliser le portugais comme langue officielle.

> " *La mondialisation en une seule langue et sur un même schéma mental stériliserait toute vitalité créatrice.*
> M. DRUON, SECRÉTAIRE PERPÉTUEL DE L'ACADÉMIE FRANÇAISE, DISCOURS SUR L'ÉTAT DE LA LANGUE, 2 DÉCEMBRE 1999. "

LES

Canada
Québec
Nouveau Brunswick
Bahamas
Mexique
Cuba
Rép. dominicaine
Belize
Jamaïque
Guatemala
Salvador
Haïti
Honduras
Nicaragua
Costa Rica
Venezuela
Panamá
Guyana
Équateur
Colombie
Brésil
OCÉAN
Pérou
PACIFIQUE
Bolivie
Paraguay

Porto Rico (É.-U.)
St-Kitts-et-Nevis
Antigua-et-Barbuda
Dominique
St-Vincent-et-les-Grenadines
Ste-Lucie
Grenade
Barbade
Trinité-et-Tobago
Chili
Argentine
500 km

2 000 km

ISATION

Les grands espaces de coopération

L'UNION LATINE (UL) a pour vocation de rassembler les peuples de langues romanes, de promouvoir et de diffuser l'héritage commun et les identités du monde latin. Fondée en 1954 par la Convention de Madrid, l'Union latine n'existe réellement que depuis 1983. Elle compte aujourd'hui 36 membres répartis sur quatre continents. Son siège est en République dominicaine et son secrétariat général en France.

TROIS ESPACES LINGUISTIQUES. La coopération entre les espaces francophone, hispanophone et lusophone concerne cinq organisations internationales (OEI, Segib, CPLP, UL, OIF) et regroupe 80 États et gouvernements qui représentent plus d'1,2 milliard de personnes. Initiée le 20 mars 2001 à Paris, TEL a pour objectif l'aménagement linguistique et les technologies de l'information et de la communication, la création d'un Forum permanent sur le pluralisme culturel ainsi que l'organisation de rencontres régulières entre les secrétaires généraux des organisations.

MEMBRES DES DIVERSES ALLIANCES LINGUISTIQUES

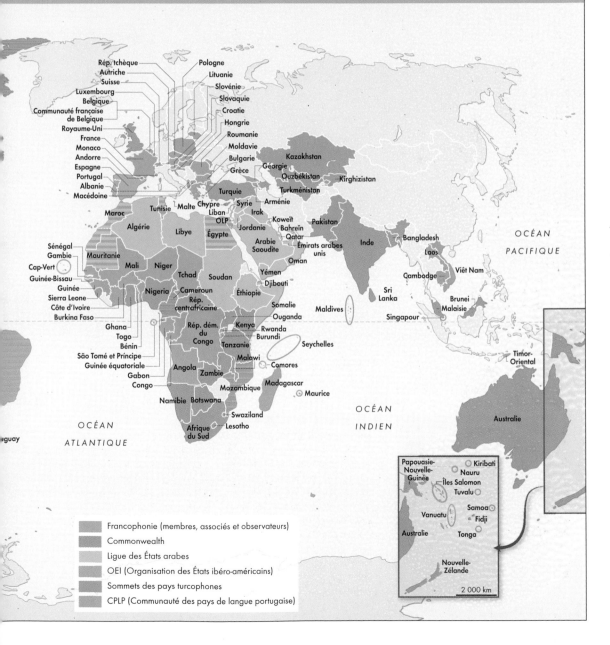

Francophonie (membres, associés et observateurs)

Commonwealth

Ligue des États arabes

OEI (Organisation des États ibéro-américains)

Sommets des pays turcophones

CPLP (Communauté des pays de langue portugaise)

2 000 km

La Francophonie a su créer un espace de solidarité, d'échanges et de respect mutuel, où les cultures sont omniprésentes. L'organisation fait de la préservation de la diversité culturelle un axe de sa politique, même si chacun s'accorde à reconnaître que les inégalités dans ce domaine entre le Nord et le Sud restent très fortes. Ce faisant, elle s'inscrit dans une démarche internationale. En 1992 en effet, l'Assemblée générale des Nations unies stipule, dans une déclaration consacrée aux droits culturels, qu'il est nécessaire de permettre aux minorités de développer leur culture, leur langue, leurs traditions et la connaissance de leur histoire.

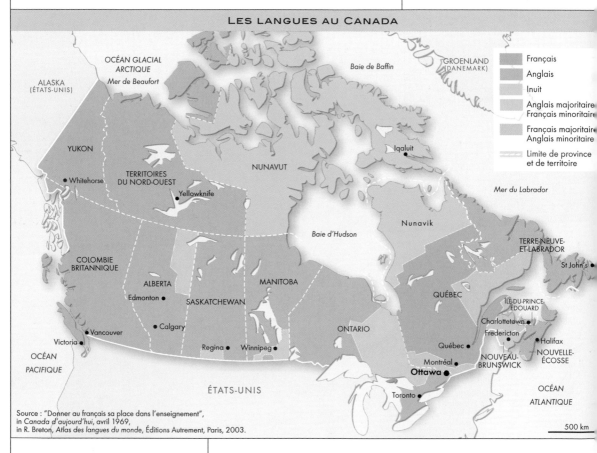

LES LANGUES AU CANADA

Légende :
- Français
- Anglais
- Inuit
- Anglais majoritaire Français minoritaire
- Français majoritaire Anglais minoritaire
- Limite de province et de territoire

Source : "Donner au français sa place dans l'enseignement",
in Canada d'aujourd'hui, avril 1969,
in R. Breton, Atlas des langues du monde, Éditions Autrement, Paris, 2003.

500 km

> **La diversité culturelle est aussi nécessaire que la diversité biologique.**
>
> S. COPPS, MINISTRE CANADIEN CHARGÉE DU DÉVELOPPEMENT, 1999, CONFÉRENCE GÉNÉRALE DE L'UNESCO.

Des quotas pour garanir la représentativité

Au Canada, la diversité culturelle est une réalité permanente de la vie politique et socio-économique : la Charte des droits et des libertés reconnaît les droits des autochtones ; des administrations spécifiques ont été créées pour veiller au respect de ces dispositions ; plusieurs musées sont dédiés à la mise en valeur de ces identités et un programme de soutien, financé par l'État central et les provinces, favorise leur affirmation. Au Québec, la Charte de la langue française permet l'enseignement des langues autochtones (inuit, amérindien, etc.), tandis qu'au niveau fédéral, il existe des quotas destinés à garantir le respect de la représentativité des cultures de l'ensemble des peuples composant la nation canadienne ; au niveau provincial, au Québec par exemple, des quotas ont été institués pour veiller au respect des chansons francophones.

OPHONE

Du musée à l'école

En Afrique, les musées, à l'instar de l'Ifan de Dakar (Sénégal) ou du musée de Niamey (Niger), sont de riches vecteurs de la diversité culturelle du continent.

Les programmes audiovisuels en langues vernaculaires sont courants sur les radios et les chaînes de télévisions africaines (Bénin, Guinée, Djibouti, Sénégal, Niger, Madagascar).

Ces mêmes langues sont d'ailleurs désormais valorisées dans les programmes d'alphabétisation et au niveau des classes primaires dans des pays comme le Mali ou le Sénégal) ; au Maroc, le tamazigh (langue berbère), largement utilisé par la population, est dorénavant inscrit aux programmes des divers niveaux d'enseignement.

De la culture à la politique

Le Liban a toujours été très ouvert aux influences extérieures ; la culture française y avait déjà pignon sur rue avant la colonisation. Toutefois, les récentes décennies de conflits renforcent la conviction selon laquelle la culture française est l'apanage des populations chrétiennes, d'autant que cette culture est la plus présente dans leurs établissements d'enseignement privé.

Mais cette image, non dénuée d'arrière-pensées sociopolitiques, est loin de refléter la réalité du pays, où une part importante de la population de confession musulmane est largement imprégnée de la culture française. Ainsi, après leur retour au pays, de nombreux Libanais exilés dans les pays d'Afrique francophone, pourtant en majorité chiites, ont continué à manifester leur attachement au français. Ghassan Salamé, au sommet de Beyrouth, souligne qu'il faut sortir de la dichotomie politico-culturelle où « l'anglais serait la langue du *business* et le français la langue de la culture et de l'amour ! ».

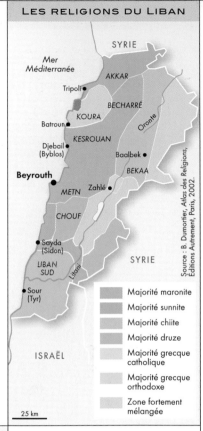

LES RELIGIONS DU LIBAN

SYRIE

Mer Méditerranée

AKKAR

Tripoli

BECHARRÉ

KOURA

Oronte

Batroun

KESROUAN

Djebail (Byblos)

Baalbek

Beyrouth

BEKAA

METN Zahlé

CHOUF

Sayda (Sidon)

LIBAN SUD

SYRIE

Litani

Sour (Tyr)

ISRAËL

Majorité maronite

Majorité sunnite

Majorité chiite

Majorité druze

Majorité grecque catholique

Majorité grecque orthodoxe

Zone fortement mélangée

25 km

Source : B. Dumortier, *Atlas des Religions*, Éditions Autrement, Paris, 2002.

Le kaléidoscope mauricien

L'analyse du cas de Maurice est, à plus d'un titre, exemplaire du souci exprimé par ses dirigeants successifs de respecter la diversité culturelle de cette île du sud-ouest de l'océan Indien. État-nation pluriethnique, pluriculturel, plurireligieux, plurilinguistique, ce pays apporte la preuve qu'une identité nationale peut émerger d'une culture hétérogène.

L'anglais y est langue officielle et cohabite avec le français et le créole, qui reste la langue d'expression spontanée de la majorité de la population, ainsi qu'avec les langues d'origine des populations indiennes et chinoises, enseignées dans les établissements primaires. Les programmes audiovisuels existent dans ces différentes langues et les fêtes religieuses communautaires sont organisées de la façon la plus officielle (Ramadan, Divali, Têt, Noël).

Ce kaléidoscope résultant d'un équilibre délicat, parfois jugé fragile, se traduit par une certaine réussite socio-économique, enviée par les voisins insulaires et continentaux. Pour expliquer cette situation, on se plaît à dire que les hindous (plus de 70 % de la population) ont apporté la tolérance, les anglophones le sens du compromis et des affaires, les francophones les plaisirs de la vie et le savoir-faire agricole, les Chinois la rigueur, la discrétion et le sens du commerce. Incontestablement, et jusqu'à preuve du contraire, une alchimie culturelle réussie.

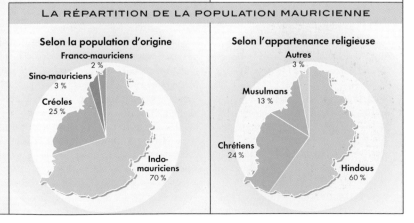

LA RÉPARTITION DE LA POPULATION MAURICIENNE

Selon la population d'origine

Franco-mauriciens 2 %

Sino-mauriciens 3 %

Créoles 25 %

Indo-mauriciens 70 %

Selon l'appartenance religieuse

Autres 3 %

Musulmans 13 %

Chrétiens 24 %

Hindous 60 %

Depuis plusieurs années, la Francophonie a investi le terrain de la défense de la diversité culturelle face aux menaces d'uniformisation linguistique et culturelle. Combat qu'elle mène dans plusieurs forums à l'Unesco pour définir un cadre de référence international, intervenant à l'OMC contre la déréglementation. L'élargissement de l'Europe fournit aussi matière à un effort d'urgence pour réaffirmer la diversité dans l'enceinte communautaire. La diversité culturelle est, incontestablement, devenue un enjeu politique.

LA PROTECTION DES MINORITÉS EN EUROPE

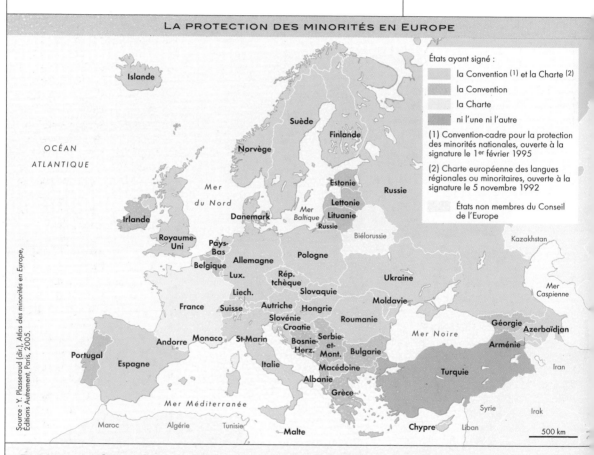

États ayant signé :
- la Convention (1) et la Charte (2)
- la Convention
- la Charte
- ni l'une ni l'autre

(1) Convention-cadre pour la protection des minorités nationales, ouverte à la signature le 1er février 1995

(2) Charte européenne des langues régionales ou minoritaires, ouverte à la signature le 5 novembre 1992

États non membres du Conseil de l'Europe

Source : Y. Plasseraud (dir.), *Atlas des minorités en Europe*, Éditions Autrement, Paris, 2005.

Protéger et valoriser les minorités

S'agissant de l'Europe, c'est au début des années 1990 que certaines dispositions favorables aux minorités ont été prises :
– en 1992, est adoptée la Charte européenne des langues régionales et minoritaires ; la Suisse la signe en 1997, la Slovénie en 2000 ;
– en 1993, le Conseil de l'Europe adopte la Convention sur les minorités nationales ;
– en 2003, l'APF lance un appel à l'Union européenne pour qu'elle inscrive la diversité linguistique et culturelle parmi ses valeurs fondamentales ;
– en France, le Haut Conseil à l'intégration et le Conseil supérieur de l'audiovisuel (CSA) demandent que soit respectée la représentation des minorités ;
– en France, l'instauration de quotas (40 %) permet de soutenir la chanson francophone sur les antennes audio ;
– une directive européenne prévoit que les chaînes de télévision réservent une proportion majoritaire de leur temps de diffusion aux œuvres européennes ; en Belgique et en France, elle se traduit par l'instauration d'un quota de diffusion de 60 % d'œuvres francophones ou issues des pays membres de l'Union ;
– en Europe orientale (Bulgarie, Lituanie, Roumanie, Macédoine), les langues minoritaires sont enseignées ; en Macédoine et en Moldavie, des programmes audiovisuels sont diffusés dans les langues minoritaires.

DIVERSITÉ CULTURELLE

La Francophonie et ses alliés

L'avant-projet de convention sur la diversité culturelle soumis à la 33ᵉ Conférence générale de l'Unesco, fin 2005, est d'une importance capitale pour officialiser la reconnaissance de cette réalité planétaire. La Francophonie a trouvé en l'Unesco, malgré la farouche opposition des États-Unis et, un temps, de la Grande-Bretagne, un allié de poids qui a multiplié initiatives et contacts avec l'OMC, l'OMPI, la Cnuced... Autour de ces deux pôles, les initiatives favorables se sont multipliées au cours de ces dernières années :

– 1998 : création de la Coalition pour la diversité culturelle, au Québec. Elle s'est alliée au Comité de vigilance pour la diversité culturelle (France) pour organiser des rencontres internationales regroupant plusieurs dizaines de pays ;

– 1998 : création du RIPC, à Ottawa (Canada). C'est une structure informelle regroupant les ministres de la Culture de plus de cinquante pays qui ont saisi le directeur général de l'Unesco d'un projet de convention ;

– 2000 : création du RIDC, qui est un regroupement mondial d'artistes et d'organismes culturels destiné à appuyer le RIPC en mobilisant la société civile ;

– avril 2003 : les secrétaires généraux des espaces hispanophones, lusophones et francophones, réunis à Mexico, adoptent une déclaration commune en faveur de la diversité culturelle et linguistique ; quelques mois plus tard, ils renouvellent cet engagement, avec l'appui de l'Union latine, en faveur de l'adoption d'une Convention sur la diversité culturelle ;

– avril 2003 : les cinquante-huit pays membres du conseil exécutif de l'Unesco demandent que soit réalisée une étude sur la pertinence d'un instrument juridique relatif à la diversité culturelle et à sa compatibilité avec les instruments existants ;

– juillet 2003 : le principe de l'exception culturelle est sauvegardé dans le cadre du projet de Constitution européenne ;

– décembre 2003 : à Pékin, les membres du forum Europe-Asie (ASEM) saluent la décision de l'Unesco d'engager la négociation en faveur d'une Convention ;

– octobre 2005 : adoption de la Convention. Des inconnues subsistent quant aux effets de cet outil : d'une part, la réalité de sa force contraignante ; d'autre part, les relations avec d'autres textes internationaux et, en particulier, avec les accords de l'OMC.

> **"** *Défendre la diversité culturelle, c'est [...] préserver les identités multiples des peuples, mais aussi considérer que les activités culturelles sont source de croissance économique.*
> O. RABAEY, DOSSIER MFI/RFI, « LES ENJEUX ÉCONOMIQUES DE LA CULTURE EN AFRIQUE », NOVEMBRE 2004. **"**

La Francophonie, initiatrice et porteuse du processus

En ouverture du IXᵉ sommet de la Francophonie à Beyrouth (Liban) en 2002, l'ensemble des intervenants plaida en faveur du dialogue des cultures, saluant la déclaration de l'Unesco adoptée sur ce thème le 2 novembre 2001 et appuyant le principe d'un cadre réglementaire universel. Cette thématique prend aujourd'hui des accents politiques. Dans ce même contexte, la France et le Canada ont joint leurs efforts pour démontrer la nécessité et l'intérêt qu'il y avait pour les États francophones d'adopter un instrument international relatif à la diversité culturelle, appelant l'ensemble des francophones à soutenir une convention sur cet aspect à l'Unesco. La Francophonie avait ouvert la voie dès 1993, au sommet de Maurice, et n'a pas cessé de réaffirmer ce souci, multipliant les occasions de sensibilisation lors des grandes rencontres internationales (Conférence des ministres francophones de la Culture en 2001).

L'Union européenne soutient ce combat ; elle défend le principe selon lequel les biens et services culturels ne peuvent être réduits à la seule dimension économique. En réalité la question n'est pas nouvelle. C'est en effet cet argument de la « non-marchandisation » des biens culturels qui a permis de développer le concept d'« exception culturelle » (devenue progressivement « diversité culturelle ») et qui fut soulevé lors des négociations du cycle de l'Uruguay (entre 1986 et 1994) ; dès 1981, une Conférence internationale pour l'identité culturelle, réunissant 200 participants, venus de 35 pays et de tous les continents, diffusa un Manifeste pour l'identité culturelle. Ces initiatives pour promouvoir les exceptions ont permis à l'Europe de développer des politiques gouvernementales de soutien au secteur audiovisuel et de veiller à ce qu'il ne devienne le vecteur de propagation d'une culture uniformisée ; une telle acceptation permettant d'éviter d'être accusé de contrevenir aux accords commerciaux internationaux.

LE COMBAT EN FAVEUR D'UNE CONVENTION INTERNATIONALE

Réseau international sur la politique culturelle (RIPC) — 1998

Réseau international pour la diversité culturelle (RIDC) — 2000

Bruxelles (BELGIQUE)

Sauvegarde de l'exception culturelle (projet de Constitution européenne) — 2003

Ottawa (CANADA) — Québec (CANADA) — Paris (FRANCE)

Pékin (CHINE)

Coalition pour la diversité culturelle — 1998

Mexico (MEXIQUE)

Étude sur la pertinence d'un instrument juridique relatif à la diversité culturelle (Unesco) — 2003

Soutien du projet de Convention par le forum Europe-Asie (ASEM) — 2003

Adoption de la Convention sur la protection et la promotion de la diversité des expressions culturelles (Unesco) — 2005

Déclaration sur la diversité culturelle et linguistique Convention sur la diversité culturelle — 2003

4 000 km

UNE MOSAÏQUE LINGUISTIQUE

La communauté francophone repose sur le partage d'une langue commune, le français, outil de communication orale et écrite privilégié. Pour autant, le français est loin d'être la langue maternelle ou même d'usage de tous les peuples appartenant à l'espace francophone, qui se révèle être une véritable mosaïque linguistique. La Francophonie a progressivement intégré cette dimension, au point d'en faire un atout pour l'éducation et un schéma majeur de la défense de la diversité.

Une officialité toute relative

Parmi les 49 États et gouvernements membres de plein droit de l'OIF, seuls 15 ont pour unique langue officielle le français ; 17 ont le français comme langue co-officielle, aux côtés d'une, deux ou trois autres langues de même statut ; les 17 autres ont pour idiome officiel une langue autre que le français. Quant aux quatre États associés et aux dix États observateurs, aucun n'a le français comme langue officielle.

La richesse des langues nationales

Le français n'est la langue maternelle d'une part importante de la population que dans un petit nombre de pays (France, Monaco et, dans une moindre mesure, Belgique, Canada, Suisse). Aussi, dans bon nombre d'États membres de la Francophonie, en Afrique particulièrement, le français cohabite-t-il avec les langues locales dont certaines peuvent être qualifiées, en raison de leur importance véhiculaire et/ou du nombre de leurs locuteurs, de nationales par les textes officiels. Au Sénégal par exemple, selon la Constitution de 2001, la langue officielle est le français et «les langues nationales sont le diola, le malinké, le pular, le sérère, le soninké, le wolof et toute autre langue nationale qui sera codifiée». À São Tome et Príncipe, la langue officielle est le portugais, les créoles santoméen et principéen sont langues nationales.

LES LANGUES OFFICIELLES DES ÉTATS DE LA FRANCOPHONIE

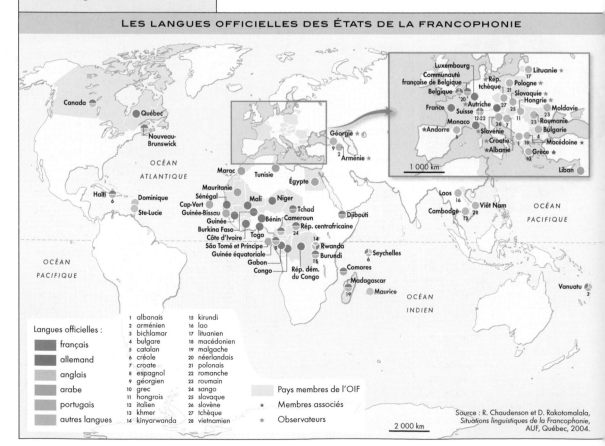

Langues officielles :
- français
- allemand
- anglais
- arabe
- portugais
- autres langues

1 albanais
2 arménien
3 bichlamar
4 bulgare
5 catalan
6 créole
7 croate
8 espagnol
9 géorgien
10 grec
11 hongrois
12 italien
13 khmer
14 kinyarwanda
15 kirundi
16 lao
17 lituanien
18 macédonien
19 malgache
20 néerlandais
21 polonais
22 romanche
23 roumain
24 sango
25 slovaque
26 slovène
27 tchèque
28 vietnamien

Pays membres de l'OIF
★ Membres associés
★ Observateurs

Source : R. Chaudenson et D. Rakotomalala, *Situations linguistiques de la Francophonie*, AUF, Québec, 2004.

LES LANGUES EN SUISSE

Allemand	Français	Italien	Romanche

50 km

Source : www.lexilogos.com

La Confédération suisse a quatre langues nationales – l'allemand, le français, l'italien et le romanche – et trois langues officielles – l'allemand, le français et l'italien, le romanche ayant un statut de langue officielle dans le canton des Grisons. Le plurilinguisme suisse est territorial. Sur 23 cantons, on parle l'allemand dans 14, le français dans 4 et l'italien dans un seul ; 3 autres cantons sont bilingues français-allemand et le dernier, trilingue allemand-romanche-italien.

L'enjeu de la cohabitation

Favoriser le plurilinguisme au sein de l'espace francophone constitue aussi un enjeu de développement économique et de démocratie. «Comment assurer, s'interroge Robert Chaudenson, coordonnateur du réseau Observation du français et des langues nationales de l'AUF, à une majorité de citoyens qui ne parlent pas la langue officielle de l'État, les droits civiques mais aussi les droits à l'information, à l'éducation, au travail, à la santé que leur garantit pourtant la Déclaration des droits de l'homme de 1948, signée par l'État dont ils sont les ressortissants ?»

Si la maîtrise de la langue française constitue une clé essentielle pour l'accès au savoir, au développement et à la démocratie dans les pays qui l'ont choisie comme langue officielle, là où le français cohabite avec d'autres langues maternelles, une alphabétisation et une éducation ignorant ces langues seraient vouées à l'échec.

> **"**
>
> *Une langue n'est jamais nôtre, fût-elle de naissance, elle n'est qu'une traduction étrange de l'intensité de la réalité.*
>
> H. BÉJI, ÉCRIVAIN, TUNISIE.
> CITÉE PAR M. LEGRAS SUR
> WWW.WEBLETTRES.NET.
>
> **"**

LES LANGUES AU CAMEROUN

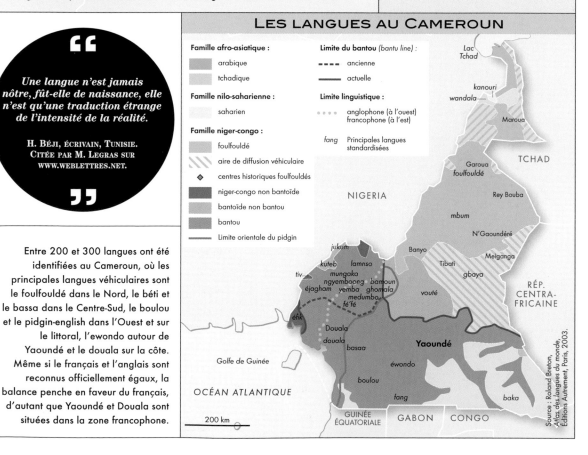

Source : Roland Breton, Atlas des langues du monde, Éditions Autrement, Paris, 2003.

Entre 200 et 300 langues ont été identifiées au Cameroun, où les principales langues véhiculaires sont le foulfouldé dans le Nord, le béti et le bassa dans le Centre-Sud, le boulou et le pidgin-english dans l'Ouest et sur le littoral, l'ewondo autour de Yaoundé et le douala sur la côte. Même si le français et l'anglais sont reconnus officiellement égaux, la balance penche en faveur du français, d'autant que Yaoundé et Douala sont situées dans la zone francophone.

L'ENSEIGNEMENT DU FRANÇAIS

Pour affirmer le français aussi bien au sein de l'espace francophone qu'à l'échelle internationale, son enseignement est une donnée fondamentale. Celui-ci prend des formes multiples pour répondre à la diversité des situations que connaît cette langue à travers le monde.

La Fédération internationale des professeurs de français

Partenaire des ministères français, canadiens, québécois et belge, et de l'OIF, la FIPF, qui a le statut d'OING, est née en 1969 et est dotée depuis 1986 d'un secrétaire général. Elle rassemble plus de 70 000 enseignants, regroupés dans 165 associations. Tous les quatre ans, elle organise un congrès mondial (le dernier a eu lieu à Atlanta, aux États-Unis, en juillet 2004). C'est un moment fort pour l'affirmation linguistique et politique de la francophonie dans le monde. Chaque année, elle réunit un colloque international, qui rassemble ses délégués mais aussi des enseignants et des stagiaires de centres de langue, moment d'échanges et de confrontation d'expériences engagées dans différents pays. La FIPF est responsable depuis juillet 2000 de la revue *Le Français dans le monde*.

L'APPRENTISSAGE DU FRANÇAIS PAR LES ADULTES

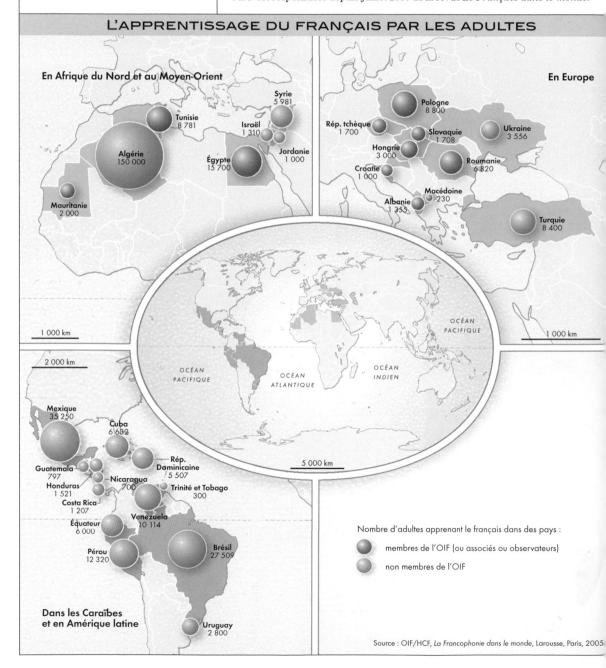

En Afrique du Nord et au Moyen-Orient

Syrie 5 981
Tunisie 8 781
Israël 1 310
Jordanie 1 000
Algérie 150 000
Égypte 15 700
Mauritanie 2 000

En Europe

Pologne 8 800
Rép. tchèque 1 700
Slovaquie 1 708
Ukraine 3 556
Hongrie 3 000
Roumanie 6 820
Croatie 1 000
Macédoine 230
Albanie 1 355
Turquie 8 400

1 000 km
1 000 km
2 000 km
5 000 km

OCÉAN PACIFIQUE
OCÉAN PACIFIQUE
OCÉAN ATLANTIQUE
OCÉAN INDIEN

Mexique 35 250
Cuba 6 632
Guatemala 797
Rép. Dominicaine 5 507
Honduras 1 521
Nicaragua 700
Trinité et Tobago 300
Costa Rica 1 207
Équateur 6 000
Venezuela 10 114
Pérou 12 320
Brésil 27 509
Uruguay 2 800

Dans les Caraïbes et en Amérique latine

Nombre d'adultes apprenant le français dans des pays :

○ membres de l'OIF (ou associés ou observateurs)

○ non membres de l'OIF

Source : OIF/HCF, *La Francophonie dans le monde*, Larousse, Paris, 2005

(I)

Succès bilingue au Burkina Faso

Depuis 1994, une expérimentation d'écoles bilingues français-langue nationale est conduite au Burkina Faso. Au 31 mai 2005, l'innovation utilisant huit langues nationales concernait 11 759 élèves (dont 46,93 % de filles) dans 109 écoles (74 publiques, 35 privées) implantées dans 24 des 45 provinces du pays.

En 2004, le taux de succès des élèves des écoles bilingues après cinq ans de scolarité était de 94,59 %, contre 73,73 % pour les élèves des écoles classiques qui avaient six ans de scolarité.

En 2005, le taux de succès des écoles bilingues est de 91,14 %, contre 69,9 % pour les écoles classiques. Le taux de réussite des filles est élevé dans le système bilingue : 90,36 %, contre 65,36 % dans le classique.

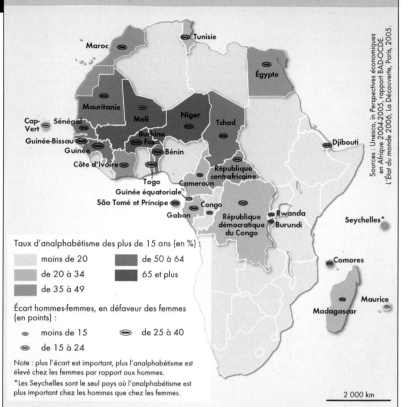

LE TAUX D'ANALPHABÉTISME EN AFRIQUE

Sources : Unesco, in Perspectives économiques en Afrique 2004-2005, rapport BAD-OCDE. *L'État du monde 2006*, La Découverte, Paris, 2005.

Taux d'analphabétisme des plus de 15 ans (en %) :

- moins de 20
- de 20 à 34
- de 35 à 49
- de 50 à 64
- 65 et plus

Écart hommes-femmes, en défaveur des femmes (en points) :

- moins de 15
- de 15 à 24
- de 25 à 40

Note : plus l'écart est important, plus l'analphabétisme est élevé chez les femmes par rapport aux hommes.

*Les Seychelles sont le seul pays où l'analphabétisme est plus important chez les hommes que chez les femmes.

2 000 km

Alphabétiser en langue nationale

Là où le français, langue d'enseignement, voisine avec les langues maternelles des élèves, la Francophonie soutient dans les systèmes éducatifs l'articulation entre ces langues et le français. Les ministres de l'Éducation d'Afrique subsaharienne francophone, réunis à Libreville (Gabon) en mars 2003, ont reconnu la nécessité d'une «langue française fonctionnelle, forte et puissante», tout en affirmant que le partage des rôles avec les langues nationales était impératif pour atteindre l'efficacité pédagogique.

Car il est désormais admis que la politique de francisation totale issue de l'aventure coloniale a été un frein à l'éducation pour tous. Le dysfonctionnement linguistique entre le milieu familial et l'école produit des élèves désorientés, sans fondement culturel. Valoriser les langues nationales en enseignant mieux le français, tel est le but de l'éducation bilingue.

> "
> *La coexistence entre le français et les langues africaines [...] ne doit pas se vivre en termes de conflit [...], mais en termes de solidarité et de complémentarité.*
> R. M. OUEDRAOGO,
> MINISTRE DE L'ENSEIGNEMENT DE BASE ET DE L'ALPHABÉTISATION DU BURKINA FASO.
> "

Un soutien matériel nécessaire

Face à la pénurie de livres en langues africaines et créoles, l'OIF accorde des subventions (150 000 euros en 2004-2005) pour l'édition et la traduction d'ouvrages dans les domaines suivants : didactique des langues, alphabétisation, vulgarisation, littérature, traductions français-langue africaine et créole ou *vice versa*.

Langue seconde, langue étrangère

Là où le français a un statut de langue officielle, co-officielle ou administrative, il est enseigné comme langue seconde, dès le primaire, à des élèves qui ont une langue locale comme langue maternelle (première). C'est le cas des pays d'Afrique, anciennes colonies françaises. Le français langue seconde est aussi langue d'enseignement, surtout dans le supérieur.

Dans les pays où le français n'a pas de statut officiel, il est enseigné comme langue étrangère. 82,5 millions de personnes dans le monde (dont 12 millions en Europe) apprennent le français en tant que langue étrangère, au sein des systèmes éducatifs nationaux (ou, pour 750 000 d'entre eux, des établissements culturels et scolaires français de l'étranger). Cet enseignement est assuré par 900 000 professeurs étrangers, membres pour certains de la Fédération internationale des professeurs de français (FIPF).

À côté des établissements scolaires français à l'étranger, accueillant les enfants et les adolescents désireux de suivre un cursus identique à celui proposé dans l'Hexagone, de nombreuses structures – instituts, centres culturels et Alliances françaises – offrent aux adultes la possibilité d'apprendre le français et de découvrir, notamment grâce aux médiathèques, une vision française de la culture. Nombre de ces établissements sont en effet de véritables instruments de partenariat et de coopération contribuant au développement culturel local.

L'Alliance française

Présentes dans 136 pays en 2004, 1 074 Alliances françaises accueillent chaque année plus de 420 000 étudiants et francophiles. Associations autonomes régies par le droit local, elles sont rattachées à l'Alliance française de Paris par un lien moral. La mission pédagogique liée à l'apprentissage de la langue française est prolongée par une politique culturelle ambitieuse : conférences, expositions, créations artistiques et spectacles vivants.

Le réseau connaît un développement rapide (environ + 6 % en moyenne, en 2003), notamment en Chine et en Russie. En 2004, par exemple, des Alliances sont nées à Almaty (Kazakhstan), Lilongwe (Malawi), Xi'an (Chine), Saratov (Russie), Jaffna (Sri Lanka) et Oulan Bator (Mongolie). Le ministère français des Affaires étrangères accorde des subventions à environ un quart des Alliances dans le monde et met des personnels détachés à la disposition de certaines d'entre elles.

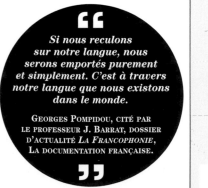

« Si nous reculons sur notre langue, nous serons emportés purement et simplement. C'est à travers notre langue que nous existons dans le monde.

GEORGES POMPIDOU, CITÉ PAR LE PROFESSEUR J. BARRAT, DOSSIER D'ACTUALITÉ *LA FRANCOPHONIE*, LA DOCUMENTATION FRANÇAISE. »

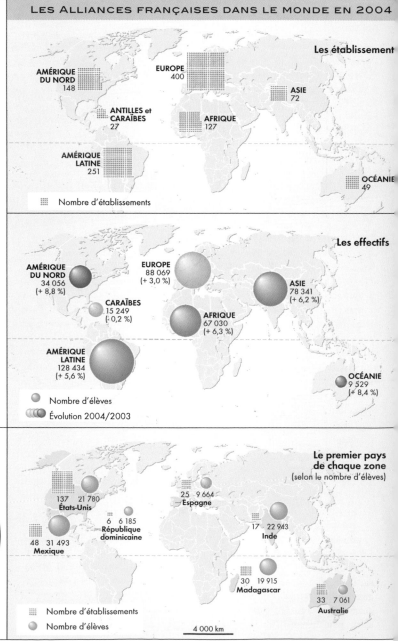

LES ALLIANCES FRANÇAISES DANS LE MONDE EN 2004

Les établissement

AMÉRIQUE DU NORD 148
EUROPE 400
ASIE 72
ANTILLES et CARAÏBES 27
AFRIQUE 127
AMÉRIQUE LATINE 251
OCÉANIE 49

Nombre d'établissements

Les effectifs

AMÉRIQUE DU NORD 34 056 (+ 8,8 %)
EUROPE 88 069 (+ 3,0 %)
ASIE 78 341 (+ 6,2 %)
CARAÏBES 15 249 (- 0,2 %)
AFRIQUE 67 030 (+ 6,3 %)
AMÉRIQUE LATINE 128 434 (+ 5,6 %)
OCÉANIE 9 529 (+ 8,4 %)

Nombre d'élèves
Évolution 2004/2003

Le premier pays de chaque zone
(selon le nombre d'élèves)

137   21 780 États-Unis
25   9 664 Espagne
6   6 185 République dominicaine
17   22 943 Inde
48   31 493 Mexique
30   19 915 Madagascar
33   7 061 Australie

Nombre d'établissements
Nombre d'élèves

4 000 km

UN EFFORT MULTIFORME

Une politique linguistique menée en réseau

La Francophonie mène sa politique linguistique à travers quatre instances de concertation :
• le Réseau international du français dans le monde (Rifram) regroupe les institutions publiques et associatives impliquées dans la promotion du français ;
• le Réseau international francophone d'aménagement linguistique (Rifal) développe la recherche pour l'aménagement linguistique du français et des langues partenaires du Sud, en s'appuyant sur les technologies de l'information ;
• le Réseau international des langues africaines et créoles (Rilac) promeut les langues transnationales, nationales et locales par la production d'ouvrages didactiques, la traduction de textes, la formation d'interprètes-traducteurs ;
• le Réseau international des littératures francophones (Rilif).

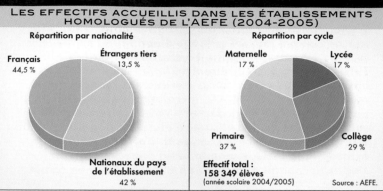

LES EFFECTIFS ACCUEILLIS DANS LES ÉTABLISSEMENTS HOMOLOGUÉS DE L'AEFE (2004-2005)

Répartition par nationalité

Français 44,5 %
Étrangers tiers 13,5 %
Nationaux du pays de l'établissement 42 %

Répartition par cycle

Maternelle 17 %
Lycée 17 %
Primaire 37 %
Collège 29 %

Effectif total : 158 349 élèves
(année scolaire 2004/2005)

Source : AEFE.

L'Agence pour l'enseignement français à l'étranger (AEFE)

Pour l'année scolaire 2005-2006, 429 établissements répartis dans 128 pays sont homologués par le ministère français de l'Éducation nationale et relèvent de l'AEFE. Ce sont des écoles, collèges et lycées français établis à l'étranger et respectant les programmes d'enseignement en vigueur en France. Parmi eux, 73 sont en gestion directe, 178 conventionnés, les 178 restants sont dits « hors réseau ». Le budget de l'agence pour 2005 était de l'ordre de 412 millions d'euros dont 325 au titre de la subvention accordée par le ministère des Affaires étrangères (MAE).

Un réseau sans équivalent dans le monde

Le réseau culturel français à l'étranger compte plus de 430 établissements dans 150 pays, sous l'égide des ambassades de France. Véritable outil de médiation culturelle, il favorise l'apprentissage du français et l'accomplissement d'objectifs professionnels variés. Il rassemble deux familles d'établissements de statut distinct, les 151 centres culturels et instituts français (services extérieurs

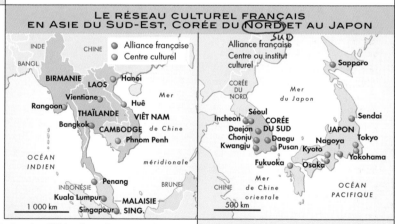

LE RÉSEAU CULTUREL FRANÇAIS EN ASIE DU SUD-EST, CORÉE DU NORD ET AU JAPON

● Alliance française
● Centre culturel

INDE
CHINE
BANGL.
BIRMANIE
LAOS
Hanoï
Rangoon
Vientiane
Huê
THAÏLANDE
VIÊT NAM
Bangkok
CAMBODGE
Phnom Penh
Mer de Chine méridionale
OCÉAN INDIEN
INDONÉSIE
Penang
BRUNEI
Kuala Lumpur
MALAISIE
Singapour
SING.
1 000 km

Alliance française
Centre ou institut culturel
CORÉE DU NORD
Mer du Japon
Incheon
Séoul
Sapporo
Daejon
CORÉE DU SUD
Chonju
Daegu
JAPON
Sendai
Kwangju
Pusan
Nagoya
Tokyo
Kyoto
Fukuoka
Osaka
Yokohama
CHINE
Mer de Chine orientale
OCÉAN PACIFIQUE
500 km

du MAE dotés de l'autonomie financière) et les 283 implantations associatives de l'Alliance française (liées au ministère par des conventions de partenariat). Ce réseau enseigne aujourd'hui le français à 600 000 personnes. Depuis quelques années, les bibliothèques de ces établissements deviennent de véritables centres de ressources sur la France contemporaine. Ces médiathèques offrent également un accès à des services d'information rapide ou à des bases de données en ligne, ainsi qu'une fonction de conseil en cyber-recherche.
La politique de promotion de la langue française prend désormais davantage en compte les « demandes » de français qui s'expriment (lancement en 2004 d'un plan pluriannuel pour la conquête des nouveaux publics, pour professionnaliser l'offre de cours) ; elle décline, par ailleurs, ses stratégies en fonction des grandes aires culturelles et linguistiques (plan de renforcement du plurilinguisme dans l'Union européenne, plan d'action pour le français dans le monde arabe, plan de relance du français en Amérique latine).

Coopération à Madagascar

Avec 30 implantations et 20 000 étudiants, Madagascar est le pays d'Afrique et de l'océan Indien qui accueille le plus grand nombre d'Alliances françaises. Ce réseau met en œuvre, dans le cadre du programme « Éducation pour tous », un plan de formation en français de mille instituteurs par an sur trois ans, financé par le Conseil régional de la Réunion voisine.

Radio France internationale (RFI), née en janvier 1975, touche chaque jour 44 millions d'auditeurs, en français et dans 19 autres langues. La chaîne multilatérale TV5Monde, opérateur direct de la Francophonie, présente dans 200 pays et territoires à travers le monde, a fêté ses vingt ans en 2004. CFI, instrument de coopération de la France, fait vivre depuis 1989 la culture française sur les écrans du Sud et assure une diffusion panafricaine aux images nées sur le continent. L'offre médiatique francophone dans le monde, déjà étoffée, pourrait s'enrichir bientôt d'une chaîne d'information en continu.

RFI, radio d'actualité internationale

Troisième radio internationale après BBC World Service et Voice of America, RFI diffuse en vingt langues sur les cinq continents. Ses 400 journalistes et producteurs alimentent, avec 300 correspondants répartis dans 130 pays, 58 journaux par jour et 48 magazines d'information par semaine. Près de 350 radios dans le monde reprennent entre une et douze heures de programmes de RFI. Son agence de presse, MFI, fournit des éléments rédactionnels écrits à 300 médias dans le monde. Cinq filiales complètent le groupe RFI : Radio Paris Lisbonne (Portugal), RFI Sofia (Bulgarie), Delta RFI (Roumanie), RFI Deutschland et RMC-Moyen-Orient. Cette dernière, qui émet 24 h/24, touche 10 millions d'auditeurs et est considérée comme la première radio internationale panarabe. Le Moyen-Orient est d'ailleurs l'une des priorités du groupe, avec l'Afrique et l'Europe.

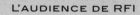

L'AUDIENCE DE RFI

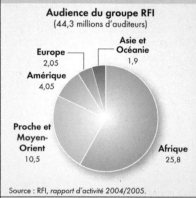

Audience du groupe RFI
(44,3 millions d'auditeurs)

Europe 2,05
Amérique 4,05
Asie et Océanie 1,9
Proche et Moyen-Orient 10,5
Afrique 25,8

Source : RFI, rapport d'activité 2004/2005.

Le sous-titrage, enjeu stratégique majeur pour TV5Monde

TV5Monde, chaîne généraliste, multilatérale et francophone, c'est l'histoire d'un projet né à une époque où on ne parlait pas de diversité culturelle, mais qui en est devenu le symbole (voir p. 22-23). Aujourd'hui, les dix chaînes partenaires alimentent ses grilles de programmes, aux côtés d'émissions propres et d'une présence renforcée de l'information avec dix-huit rendez-vous par jour, soit six heures quotidiennes. Consciente que ses téléspectateurs ne sont pas seulement des francophones, mais aussi des francophiles ne maîtrisant pas ou peu la langue française, TV5Monde a identifié le sous-titrage en français et en d'autres langues comme un «enjeu stratégique majeur». Pour une fiction, le sous-titrage permet de multiplier par 4,5 l'audience en zone non francophone. Sous-titrant déjà près de 20 % de ses grilles en neuf langues (allemand, anglais, arabe, danois, espagnol, néerlandais, portugais, russe et suédois) et 90 heures de programmes par semaine en français, destinés à ceux qui apprennent ou enseignent le français ainsi qu'aux sourds et malentendants, TV5Monde s'apprête à accroître le nombre d'heures sous-titrées et le nombre de langues proposées avec, notamment, en fonction du fort potentiel de développement, le chinois. Mieux, la chaîne se prépare au sous-titrage de l'information.

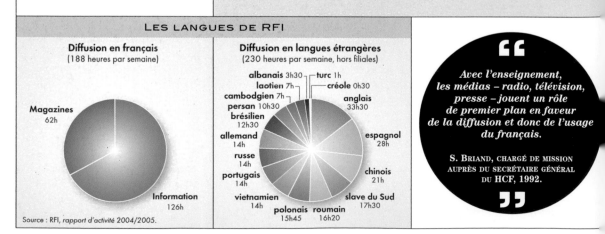

LES LANGUES DE RFI

Diffusion en français
(188 heures par semaine)

Magazines 62h
Information 126h

Diffusion en langues étrangères
(230 heures par semaine, hors filiales)

albanais 3h30
laotien 7h
cambodgien 7h
persan 10h30
brésilien 12h30
allemand 14h
russe 14h
portugais 14h
vietnamien 14h
polonais 15h45
roumain 16h20
slave du Sud 17h30
chinois 21h
espagnol 28h
anglais 33h30
turc 1h
créole 0h30

Source : RFI, rapport d'activité 2004/2005.

> « Avec l'enseignement, les médias – radio, télévision, presse – jouent un rôle de premier plan en faveur de la diffusion et donc de l'usage du français.
>
> S. BRIAND, CHARGÉ DE MISSION AUPRÈS DU SECRÉTAIRE GÉNÉRAL DU HCF, 1992. »

CFI, la coopération audiovisuelle

Cet instrument de coopération de la France est né en 1989, avec pour mission principale de fournir des programmes aux télévisions des pays du Sud.

Ces programmes – achetés ou obtenus gratuitement auprès des chaînes françaises tenues à l'obligation «d'assistance culturelle» par les contrats les liant à l'État – sont proposés à 103 télévisions partenaires dans 81 pays.

Pendant un temps, CFI a également diffusé avec succès CFI-TV en Afrique, qui a émis jusqu'en 2003. Aujourd'hui, CFI assume une mission de services – aider les partenaires à se moderniser et à produire de façon à pouvoir entrer dans un système concurrentiel –, et toujours sa mission «historique» de fourniture de programmes. Ses partenaires sont plus d'une centaine, télévisions publiques et privées d'Afrique (francophones, anglophones ou lusophones), d'Asie (notamment au Laos, au Viêt Nam, au Cambodge, au Sri Lanka) et d'Haïti. C'est dans ce cadre que CFI redistribue des productions africaines, permettant à des œuvres tournées en Afrique par des Africains d'être vues par l'ensemble des téléspectateurs du continent.

Une offre très étoffée

À côté de TV5Monde, l'offre télévisuelle francophone compte également la chaîne privée à péage Canal Horizons, née en 1991 et fer de lance, depuis 2002, du bouquet francophone Canal Satellite Horizons proposant une quarantaine de chaînes et de radios en qualité numérique ; la chaîne d'information Euronews, reçue dans 80 pays et qui diffuse, outre le français, en six langues ; la chaîne musicale MCM, qui atteint 4,5 millions de foyers par le câble et le satellite, principalement en Europe. L'offre radiophonique, elle, est également alimentée par la généraliste panafricaine Africa n° 1, née en 1981, qui émet depuis le Gabon et compte 31 millions d'auditeurs répartis entre l'Afrique, l'Europe et l'Amérique du Nord ; et par la généraliste bilingue français-arabe Médi 1, dont le siège est à Tanger (Maroc) : elle touche de 22 à 25 millions d'auditeurs sur l'ensemble du Maghreb.

CFII, projet de la France

L'idée de créer une chaîne française d'information internationale (CFII) est évoquée depuis plus de quinze ans. Le président Jacques Chirac l'a relancée en 2002, en plaidant pour une grande chaîne «capable de rivaliser avec la BBC ou CNN». Le partenariat public-privé imaginé pour ce projet d'un budget estimé de 70 millions d'euros (dont 65 versés par l'État) vient de se concrétiser. France Télévisions en assurera la présidence.

LE BASSIN D'AUDIENCE D'AFRICA N° 1

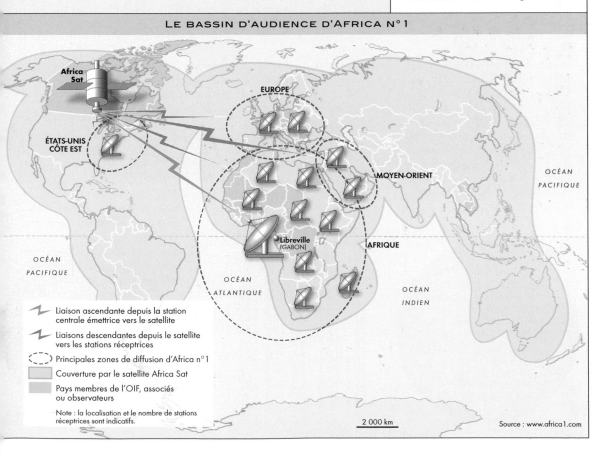

Africa Sat

EUROPE

ÉTATS-UNIS CÔTE EST

MOYEN-ORIENT

OCÉAN PACIFIQUE

OCÉAN PACIFIQUE

Libreville (GABON)

AFRIQUE

OCÉAN ATLANTIQUE

OCÉAN INDIEN

⚡ Liaison ascendante depuis la station centrale émettrice vers le satellite

⚡ Liaisons descendantes depuis le satellite vers les stations réceptrices

(⸜ ⸝) Principales zones de diffusion d'Africa n° 1

☐ Couverture par le satellite Africa Sat

☐ Pays membres de l'OIF, associés ou observateurs

Note : la localisation et le nombre de stations réceptrices sont indicatifs.

2 000 km

Source : www.africa1.com

La diversité du monde francophone se reflète particulièrement dans le paysage médiatique de ses membres. En fonction de l'histoire politique et de la situation économique des pays, presse, radio et télévision dessinent un pluralisme médiatique plus ou moins affirmé. La Francophonie est particulièrement active dans le monde des médias, enjeu essentiel de son développement.

Appuyer la presse du Sud et les radios locales

Pour favoriser une information de qualité produite par le Sud sur le Sud et garantir la liberté de la presse, la Francophonie agit selon deux axes : développer le pluralisme de l'information ; soutenir les radios locales rurales. Pour le premier axe, elle a mis en place trois mécanismes : Fonds d'appui à la presse écrite francophone du Sud, actions de formation (en 2005 au Mali, des responsables de médias audiovisuels publics d'Afrique de l'Ouest ont travaillé sur la réforme de leurs entreprises, concurrencées par le secteur privé, pour passer du statut de médias d'État à celui de médias de service public), soutien à la dynamique de réseau (Syfia International, Médiaf, Presse et démocratie). L'aide liée au second axe consiste en quatre interventions : appui aux nouvelles installations, consolidation de stations existantes, intensification de l'utilisation de technologies par les radios, aide à la production de contenus éducatifs.

Une densité médiatique variable

CÔTÉ PRESSE ÉCRITE, l'Europe occidentale est numériquement bien pourvue, avec les titres édités en France, en Belgique et en Suisse, tout comme l'Amérique du Nord grâce aux journaux du Québec (400 dont 10 quotidiens) ou l'Afrique de l'Ouest et centrale. L'Amérique du Sud, l'Asie et l'Océanie sont beaucoup moins bien dotées : les publications en français y sont souvent issues des représentations diplomatiques et culturelles françaises ou soutenues par diverses institutions (OIF, chambres de commerce). Quant à l'Europe centrale et orientale, la presse francophone y est, selon Luan Rama, membre du HCF, « dans une situation catastrophique » qui pourrait « s'aggraver dans l'avenir ».

CÔTÉ RADIO, média populaire par excellence car accessible aux plus démunis et aux analphabètes, les stations publiques ont partout été bousculées par l'explosion des FM et, désormais, au moins dans les zones urbaines, par Internet qui ouvre une faille dans le contrôle des ondes par l'État. En Afrique, si le français reste la langue des informations, il fait place aux langues nationales sur les stations FM. Au Canada, l'audiovisuel francophone représente 30 % du secteur ; au Québec, 82 stations privées en français coexistent avec les deux réseaux en français de la chaîne publique Radio Canada. Aux États-Unis, en Amérique latine ou en Asie, ce sont surtout les reprises de RFI par les radios partenaires qui assurent une présence francophone ponctuelle.

LA TÉLÉVISION, plus exigeante en investissements, est le dernier secteur des médias à se libéraliser. Mais la multiplication des options techniques (câble, antennes paraboliques ou MMDS) permet de concurrencer la diffusion par voie hertzienne longtemps synonyme de monopole public. En Afrique, la diffusion de chaînes locales est souvent le fait de groupes de presse entrés dans un processus de diversification. L'Afrique du Nord est le royaume de la parabole, qui capte aussi bien les chaînes arabes que francophones. Au Québec, 29 télévisions généralistes de langue française sont recensées, alors qu'en Amérique latine, c'est essentiellement TV5Monde qui assure une présence francophone. Au Cambodge, au Laos et au Viêt Nam, les télévisions nationales diffusent des programmes en français. En Europe, le câble et le satellite permettent aux chaînes francophones de passer les frontières

> **"**
> *Les États sont amenés à gérer le passage d'un audiovisuel directement administré et étroitement contrôlé à un audiovisuel plus ouvert.*
>
> J.-J. AILLAGON, P-DG DE TV5MONDE.
> COLLOQUE « LES ENJEUX DE LA TÉLÉVISION EN AFRIQUE »,
> PARIS, 15 SEPTEMBRE 2005.
> **"**

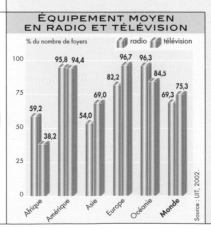

ÉQUIPEMENT MOYEN EN RADIO ET TÉLÉVISION

% du nombre de foyers — radio — télévision

	radio	télévision
Afrique	59,2	38,2
Amérique	95,8	94,4
Asie	69,0	54,0
Europe	96,7	82,2
Océanie	96,3	84,5
Monde	69,3	75,3

Source : UIT, 2002.

L'ÉQUIPEMENT EN POSTES RADIO DES PAYS FRANCOPHONES

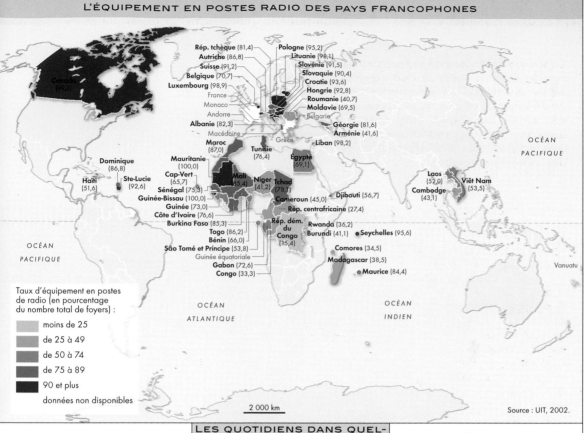

Taux d'équipement en postes de radio (en pourcentage du nombre total de foyers) :

- moins de 25
- de 25 à 49
- de 50 à 74
- de 75 à 89
- 90 et plus
- données non disponibles

2 000 km

Source : UIT, 2002.

Gavroche en Thaïlande

Fondé en juin 1994 en Thaïlande par deux jeunes Français, le mensuel généraliste *Gavroche*, qui se définit lui-même comme un «magazine indépendant en langue française», est dirigé depuis par l'un des cofondateurs, Philippe Plénacoste.

Basé à Bangkok, ce magazine apporte un regard et une analyse sur la région en français ; il propose articles d'actualité, sujets de société et données pratiques (tourisme, petites annonces, offres d'emploi). Il s'adresse à la communauté francophone de la région : expatriés, résidents, francophones des universités et des entreprises. Tiré à 8 000 exemplaires, il est vendu en Thaïlande et distribué au Cambodge, au Laos et en Birmanie. Ne recevant pas de subventions, il vit essentiellement de revenus publicitaires et de ses ventes ; il développe un portail francophone (www.gavroche-thailande.com).

LES QUOTIDIENS DANS QUELQUES PAYS FRANCOPHONES

Nombre de quotidiens

Source : World Association of Newspapers, World Press Trends 2005.

Les radios francophones publiques

Elles regroupent depuis 1955 les quatre plus grands diffuseurs publics francophones que sont Radio France, Radio Suisse romande, Radio Canada et la Radio-télévision belge d'expression française. Avec un potentiel de près de 75 millions d'auditeurs francophones sur plusieurs continents, ce «quatuor francophone» est devenu le premier producteur d'émissions de radio en français.

Fonctionner en réseau : le Cirtef et la CTF

C'est à Montréal, en juin 1977, que les représentants de 34 chaînes de radio et de télévision ont proposé la création d'un Conseil international des radios-télévisions d'expression française, le Cirtef, qui vit le jour au même endroit un an plus tard. Au 1er janvier 2005, le Cirtef compte 55 membres actifs et quatre membres associés. Il organise de nombreuses formations (montage virtuel, scénarisation, journalisme sportif, maintenance numérique) soit, en 2004, 25 sessions auxquelles ont participé 19 pays du Sud. Il produit ou coproduit plusieurs émissions, dont Reflets Sud, un hebdomadaire de 52 minutes diffusé par la télévision belge RTBF et par TV5Monde, et comprenant des productions réalisées par les télévisions du Sud membres.

Comment transformer la fracture numérique en opportunité numérique ? La question a hanté le Sommet mondial sur la société de l'information (SMSI), organisé en 2003 et 2005 par les Nations unies. Prenant la mesure de l'enjeu, la Francophonie s'attache depuis plusieurs années à créer les conditions de l'appropriation des technologies de l'information et de la communication par ses pays membres.

L'INDICE D'ACCÈS NUMÉRIQUE DES PAYS FRANCOPHONES

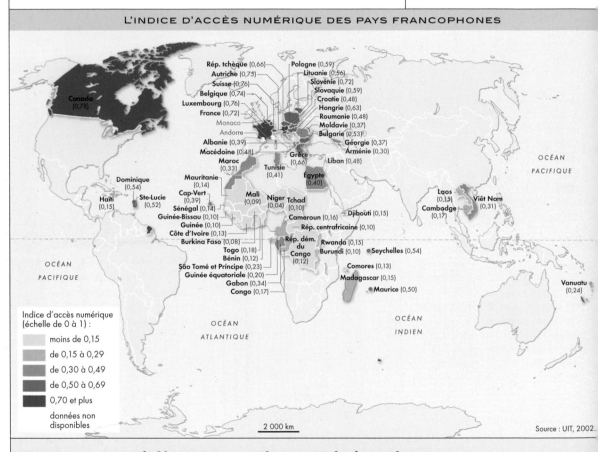

Rép. tchèque (0,66) — Pologne (0,59)
Autriche (0,75) — Lituanie (0,56)
Suisse (0,76) — Slovénie (0,72)
Belgique (0,74) — Slovaquie (0,59)
Luxembourg (0,76) — Croatie (0,48)
France (0,72) — Hongrie (0,63)
Monaco — Roumanie (0,48)
Andorre — Moldavie (0,37)
Albanie (0,39) — Bulgarie (0,53)
Macédoine (0,48) — Géorgie (0,37)
Maroc (0,33) — Arménie (0,30)
Grèce (0,66) — Liban (0,48)
Tunisie (0,41)
Égypte (0,40)

Canada (0,78)

Dominique (0,54)
Haïti (0,15)
Ste-Lucie (0,52)

Mauritanie (0,14)
Cap-Vert (0,39)
Mali (0,09)
Niger (0,04)
Tchad (0,10)
Sénégal (0,14)
Guinée-Bissau (0,10)
Guinée (0,10)
Côte d'Ivoire (0,13)
Burkina Faso (0,08)
Togo (0,18)
Bénin (0,12)
São Tomé et Príncipe (0,23)
Guinée équatoriale (0,20)
Gabon (0,34)
Congo (0,17)

Cameroun (0,16)
Rép. centrafricaine (0,10)
Rép. dém. du Congo (0,12)
Rwanda (0,15)
Burundi (0,10)
Djibouti (0,15)
Seychelles (0,54)
Comores (0,13)
Madagascar (0,15)
Maurice (0,50)

Laos (0,15)
Cambodge (0,17)
Viêt Nam (0,31)

Vanuatu (0,24)

OCÉAN PACIFIQUE
OCÉAN PACIFIQUE
OCÉAN ATLANTIQUE
OCÉAN INDIEN

Indice d'accès numérique (échelle de 0 à 1) :
- moins de 0,15
- de 0,15 à 0,29
- de 0,30 à 0,49
- de 0,50 à 0,69
- 0,70 et plus
- données non disponibles

2 000 km

Source : UIT, 2002.

Un accès numérique faible ou moyen pour la majorité des francophones

La fracture numérique n'est pas un vain mot : près de 80 % de la population mondiale – la majorité de l'humanité, qui vit au Sud, mais aussi les groupes marginalisés du monde industrialisé – est hors-jeu quant on parle d'Internet. Parallèlement, les technologies de l'information et de la communication (TIC) se diffusent dans de nombreux pays, notamment les plus développés. Là, l'intégration d'Internet dans la vie de tous les jours se poursuit.

En 2003, l'Union internationale des télécommunications (UIT) a calculé un indice d'accès numérique pour 178 pays du monde, qui prend en compte cinq domaines, à savoir l'existence d'infrastructures, l'accessibilité financière, le niveau d'éducation, la qualité des services TIC et l'utilisation d'Internet. 57 États de la Francophonie apparaissent dans ce classement : 7 ont un niveau d'accès excellent, 11 un bon accès, 13 un accès moyen et 26 un accès numérique faible.

Or, la fracture numérique pose directement la question de la promotion de la diversité : comment des populations « déconnectées » accèdent-elles à l'information, la traitent-elles dans leur langue et enrichissent-elles le monde de leur culture ? « Toute société produit déjà sa connaissance, la dimension nouvelle et importante, c'est celle du partage », insiste l'ancien ministre de l'Éducation du Mali Adama Samassékou, président du Comité préparatoire du SMSI.

TÉ DE L'INFORMATION

Points d'accès jeunesse, campus numériques et inforoutes

La Francophonie travaille à « la mise en œuvre de la société de l'information », notamment via l'Institut francophone des nouvelles technologies de la formation et de l'information (Intif). En favorisant, tout d'abord, l'accès aux technologies : création de 14 nouveaux points d'accès aux inforoutes pour la jeunesse en 2003, extension des centres multimédias dans les lycées ou centres municipaux. En encourageant, ensuite, le développement des réseaux et espaces collectifs : l'Agence universitaire de la Francophonie (AUF) désenclave les communautés scientifiques du Sud par la multiplication des campus numériques et centres d'accès à l'information (38 au total dans 28 pays, dont 17 campus numériques au sein des universités africaines). En accompagnant, enfin, l'acquisition et le transfert de compétences par des formations au multimédia et à la gouvernance d'Internet d'une part, par des campagnes d'animation dans le domaine des logiciels libres, également promus par l'AUF, d'autre part. Ainsi, pour les 6ᵉˢ Rencontres mondiales des logiciels libres (juillet 2005), l'Intif a invité des experts du Burkina Faso, Côte d'Ivoire, Gabon, Laos, Madagascar, Maroc, Sénégal et Togo. Ce qui leur a également permis de préparer les Rencontres africaines, organisées sur le même thème avec l'appui de la Francophonie, en octobre 2005 à Libreville (Gabon).

La Francophonie travaille encore à la valorisation et au partage des contenus, en favorisant un certain nombre de sites de ressources francophones sur Internet, en promouvant la formation à distance et en alimentant le Fonds francophone des inforoutes, qui a financé treize projets en 2003 dont, par exemple, le portail internet des médias djiboutiens.

Nous soulignons l'importance du soutien à la production et à la circulation de contenus reflétant la diversité de ces identités[culturelle et linguistique], notamment par l'utilisation des logiciels libres.
DÉCLARATION DE LA CONFÉRENCE DE RABAT, OIF, SEPTEMBRE 2003.

Langues et Internet

Après l'anglais, qui représente 45 % des pages sur Internet et l'allemand (7 %), le français est la troisième langue de la Toile avec 5 %, devant l'espagnol (4,5 %)... tandis que 90 % des langues du monde ne sont pas présentes sur Internet.

L'ÉQUIPEMENT EN TÉLÉPHONES PORTABLES DES PAYS FRANCOPHONES

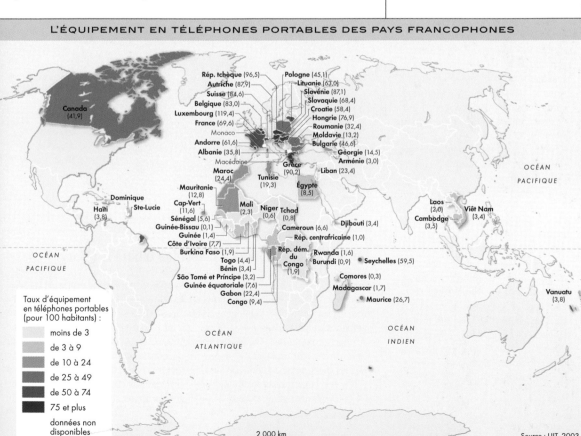

Taux d'équipement en téléphones portables (pour 100 habitants) :
- moins de 3
- de 3 à 9
- de 10 à 24
- de 25 à 49
- de 50 à 74
- 75 et plus
- données non disponibles

2 000 km

Source : UIT, 2003.

En dépit du développement des technologies numériques, le livre et l'écrit gardent une place irremplaçable dans la transmission du savoir et la préservation des cultures. De nouveaux acteurs sont d'ailleurs apparus ces dernières années dans le secteur. La Francophonie appuie notamment le renforcement des capacités des professionnels du secteur, la diffusion internationale des livres du Sud et leur valorisation par des prix littéraires de plus en plus prisés. Elle a également développé un important réseau de centres de lecture et d'animation culturelle (Clac).

Un outil privilégié de transmission du savoir

La demande de livres reste forte en Afrique. Cependant, 90 % des livres vendus dans la zone francophone sont importés de France, principalement *via* les éditions Hachette et Éditis, le reste du marché étant partagé entre éditeurs africains et canadiens (Hurtubise HMF, Beauchemin). On répertorie une centaine de maisons d'édition francophones, dont 93 % indépendantes. Les trois majors de l'édition africaine francophone (les Nouvelles Éditions ivoiriennes, Ceda et NEAS) intègrent des capitaux étrangers (français et canadiens) et représentent un quart de la production. Côté distribution, l'informel compense le faible maillage de véritables librairies : les « librairies par terre » sont innombrables.

Certains pays investissent dans une politique du livre ; plusieurs (Bénin, Mali, Burkina, etc.) ont supprimé la taxe sur les livres scolaires.

Plus de 500 professionnels formés aux métiers du livre. En mai 2005, à Tunis, a été célébré le 15e anniversaire du Centre africain de formation à l'édition et à la diffusion (Cafed), programme décentralisé de la Francophonie de formation permanente. En quinze ans, il a formé 546 professionnels de 28 pays francophones du Sud et trois du Nord aux métiers du livre (politique éditoriale, fabrication, diffusion, gestion, librairie).

LES RÉSEAUX DES CLAC

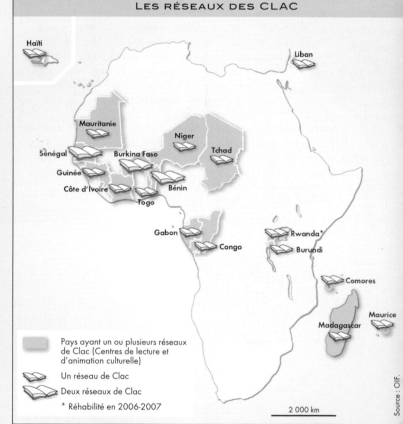

Haïti · Liban · Mauritanie · Niger · Sénégal · Burkina Faso · Tchad · Guinée · Côte d'Ivoire · Bénin · Togo · Gabon · Congo · Rwanda* · Burundi · Comores · Maurice · Madagascar

Pays ayant un ou plusieurs réseaux de Clac (Centres de lecture et d'animation culturelle)

Un réseau de Clac

Deux réseaux de Clac

* Réhabilité en 2006-2007

2 000 km

Source : OIF.

Les centres de lecture et d'animation culturelle (Clac)

À côté des réseaux de radios locales (voir p. 38-39), les Clac sont la deuxième action phare francophone au profit du développement communautaire en milieu rural et suburbain. La Francophonie accompagne les États dans l'implantation d'un réseau de lecture publique couvrant leur territoire, en s'appuyant sur les méthodes utilisées dans les 213 Clac mis en place depuis 1986 dans 18 pays (Afrique, océan Indien, Caraïbes, Proche-Orient), regroupés en 21 réseaux. Les Clac offrent des espaces de culture et de convivialité (bibliothèque, médiathèque) mais aussi d'appui au développement (économie locale, santé et hygiène) et à la scolarisation. En moyenne, les activités d'un réseau représentent 160 000 visiteurs par an, dont 78 % ont moins de 18 ans.

Des prix pour valoriser les meilleures créations

LE PRIX DES CINQ CONTINENTS de la Francophonie récompense chaque année un ouvrage d'expression française parmi les romans inscrits par les éditeurs. Le prix consiste en une dotation de 10 000 € et une campagne promotionnelle d'un an.

LE PRIX INTERNATIONAL KADIMA appuie le renforcement du plurilinguisme par la valorisation des langues transnationales africaines (foulfoudé, wolof, lingala, swahili, bambara, etc.) et créoles. L'œuvre primée est publiée et son auteur reçoit 3 millions de francs CFA (4 644,93 €).

LE PRIX ALIOUNE DIOP, du nom du fondateur des éditions Présence africaine, récompense les capacités éditoriales en Afrique francophone. Le premier lauréat reçoit 1,5 million de francs CFA (2 290 €), le second 1 million de francs CFA (1 525 €).

LE PRIX DU JEUNE ÉCRIVAIN FRANCOPHONE, créé avec le soutien de la Francophonie, récompense des œuvres inédites en prose écrites en français par des jeunes de 15 à 27 ans, de nationalité autre que française. Les éditions du Mercure de France publient les textes primés.

Le Scrabble, pour jouer avec les lettres et les mots

Les premiers Jeux francophones ont lieu à Cannes en 1972 ; la fédération française est créée en 1975. La fédération belge fut longtemps la plus dynamique. La création des fédérations suisse, tunisienne, canadienne (Québec) en 1980 dessine les contours de la future fédération francophone. Aujourd'hui, la Fédération internationale de Scrabble francophone (FISF) compte 22 fédérations.

Les nouveaux acteurs de l'édition

LE RÉSEAU DES ÉDITEURS AFRICAINS (Apnet, pour African Publishers Network), né en 1992, associe des éditeurs de 46 pays du continent, dont 17 francophones. Il organise formations et rencontres régionales, publie une revue sur l'édition africaine, appuie la professionnalisation des associations nationales et assure la promotion des éditeurs africains.

L'ALLIANCE DES ÉDITEURS INDÉPENDANTS (AEI), association de loi française créée en 2002, regroupe 60 éditeurs de 35 pays (dont 25 francophones du Nord et du Sud, parmi lesquels 16 africains). Les projets concernent des livres internationalement coédités. Une règle de péréquation permet aux éditeurs du Sud de supporter des coûts inférieurs à ceux pris en charge par les éditeurs du Nord.

> **"**
> *Il est important que les petites maisons d'édition, pour [...] pouvoir communiquer un certain nombre de valeurs, [...] entrent dans un mouvement de solidarité.*
> B. LALINON GBADO, FONDATRICE DES ÉDITIONS RUISSEAUX D'AFRIQUE, COTONOU, BÉNIN. 2003, ENTRETIEN AVEC L'AUTEURE.
> **"**

AFRILIVRES, basé au Bénin, regroupe 54 éditeurs de 14 pays francophones. En 2003, 15 000 € de livres ont été vendus, via Internet. Afrilivres est soutenu par le ministère des Affaires étrangères français, la Francophonie et l'AEI.

L'ASSOCIATION INTERNATIONALE DES LIBRAIRES FRANCOPHONES regroupe une vingtaine de librairies de 18 pays. Elle a été créée en 2001, avec l'appui de la Francophonie. Le Bureau international de l'édition française organise des cycles de formation et des jumelages entre librairies du Nord et du Sud.

LES PAYS MEMBRES DE LA FÉDÉRATION INTERNATIONALE DE SCRABBLE FRANCOPHONE

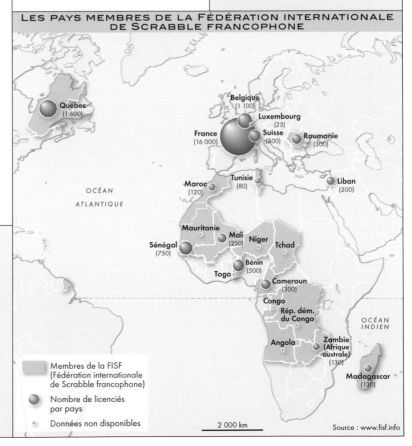

Québec (1 600)
Belgique (1 100)
Luxembourg (23)
France (16 000)
Suisse (500)
Roumanie (300)
OCÉAN ATLANTIQUE
Maroc (120)
Tunisie (80)
Liban (200)
Mauritanie
Mali (250)
Niger
Tchad
Sénégal (750)
Bénin (500)
Togo
Cameroun (300)
Congo
Rép. dém. du Congo
OCÉAN INDIEN
Angola
Zambie (Afrique australe) (130)
Madagascar (130)

Membres de la FISF (Fédération internationale de Scrabble francophone)

Nombre de licenciés par pays

Données non disponibles

2 000 km

Source : www.fisf.info

Le déploiement de la production culturelle francophone est à la fois facteur d'enrichissement mutuel, de rapprochement et de développement économique.
Or, la production artistique des pays du Sud et, dans une moindre mesure, des pays d'Europe centrale et orientale, souffre de conditions précaires (comme dans des pays plus développés, d'ailleurs !) : faiblesse des financements, des formations et des structures, absence de débouchés et d'accès aux publics. Depuis 1990, la Francophonie promeut donc les arts de la scène, la circulation des œuvres et des artistes, ainsi que la production audiovisuelle.

Soutien aux arts vivants et aux arts visuels

Les arts vivants (théâtre, musique et danse) et les arts visuels (peinture, sculpture, installations, photographie) constituent un champ foisonnant dans une communauté francophone dont la diversité est un atout reconnu. La politique d'appui à la circulation des artistes et des œuvres de la Francophonie, particulièrement tournée vers les jeunes créateurs, l'a amenée à soutenir 85 tournées musicales et 15 tournées théâtrales en 2003, 64 projets l'année suivante. Pour les arts visuels, elle a, par exemple, permis la participation de 14 plasticiens francophones d'Afrique à l'exposition Africa Remix. Le soutien à la circulation des artistes et des œuvres, disposant d'un budget annuel de 970 000 euros (2005), consiste en la prise en charge des transports internationaux. Deuxième volet de la promotion des arts du Sud, le soutien aux manifestations (Masa, marchés musicaux, festivals africains, prix RFI) dispose, lui, d'un budget de 875 000 euros par an.

L'ITINÉRAIRE DE L'EXPOSITION AFRICA REMIX

Londres ②
③ Düsseldorf
Paris
1 000 km
Tokyo ④

Étapes de l'exposition :
① 24 juillet - 7 novembre 2004
② 10 février - 17 avril 2005
③ 25 mai - 8 août 2005
④ 27 mai - 31 août 2006

4 000 km

Prix et présence sur les marchés musicaux

Tant pour les arts visuels que pour ceux du spectacle vivant, la Francophonie favorise la présence des artistes aux rendez-vous significatifs. Côté musique, il s'agit principalement du Marché international du disque et de l'édition musicale (Midem) et du World Music Expo (Womex), manifestations incontournables pour les programmeurs de musiques du monde et les entreprises phonographiques. La Francophonie collabore avec le Conseil francophone de la chanson pour la prise en charge et l'accréditation des artistes, responsables de labels, producteurs et éditeurs invités, de l'assistance juridique et logistique, de l'aménagement d'un stand. À chaque édition du Midem, une compilation de quelques productions est éditée.

Parmi les prix RFI consacrés au spectacle vivant, le prix RFI Musiques du monde, organisé depuis 1981 et soutenu par la Francophonie, a pour but de favoriser la carrière de jeunes talents d'Afrique, des îles de l'océan Indien et des Caraïbes. Le lauréat reçoit un prix de 6 000 euros, une bourse d'aide au développement de carrière de 12 500 euros allouée par le ministère des Affaires étrangères français et bénéficie d'une tournée en Afrique avec l'AFAA et d'une campagne de promotion sur les antennes de RFI et de ses radios partenaires.

Le Fonds francophone de production audiovisuelle du Sud

Créé en 1988, le Fonds soutient des longs et des courts métrages, des dessins animés et des séries télévisées. Fondé sur un mécanisme trisannuel d'appels à propositions, il favorise la mise en chantier annuelle de 120 heures de produits originaux faisant appel aux capacités créatrices des pays du Sud. Les dossiers, pour lesquels 25 % au moins du budget prévisionnel doivent avoir déjà été recueillis, sont présentés par une société de production, privée ou publique, exerçant dans un pays francophone. Ainsi, pour le deuxième appel à proposition de l'année 2005, treize productions (dix pour la télé et trois pour le cinéma, dont deux longs métrages de fiction) ont été choisies parmi une cinquantaine de projets pour recevoir un financement global de 441 000 euros.

Prix et présence sur les marchés de l'image

La Francophonie décerne, seule ou avec d'autres, divers prix et bourses. Ainsi le prix de la Francophonie au Festival du film de Paris ou la Bourse francophone de promotion internationale d'un film du Sud – le lauréat 2005 en est *Gardien de buffles*, du Vietnamien M. Nguyen-Vô, qui reçoit 80 000 euros destinés à la mise sur le marché du film, *L'Enfant endormi* de la Marocaine Y. Kassari, mention spéciale, se voyant attribuer une aide à la promotion de 40 000 euros.

La Francophonie facilite également la présence audiovisuelle du Sud sur les marchés internationaux, comme au MIP-TV de Cannes en avril 2005, où six sociétés privées et cinq télévisions nationales ont pu présenter 80 productions, ou comme au Marché international du film, en mai suivant, où un pavillon des Cinémas du Sud y était installé et une dizaine de réalisateurs francophones invités.

VIVANTS

Les grands rendez-vous autour de la planète

Impossible ici de citer chaque événement culturel francophone organisé dans les pays membres de l'OIF. La Francophonie appuie plusieurs manifestations emblématiques, dont les Rencontres photographiques de Bamako, la Biennale de l'art africain contemporain de Dakar, les Rencontres chorégraphiques d'Afrique et de l'océan Indien. Et encore :

• **LES FRANCOPHONIES EN LIMOUSIN**, qui proposent en 2006 leur 23e édition, gardent de leur origine un attachement particulier au théâtre et aux lettres, mais leur programmation s'est largement ouverte à la danse et aux musiques ;

• **LE MARCHÉ DES ARTS DU SPECTACLE AFRICAIN (MASA)**, projet adopté en 1990 par les ministres de la Culture des pays francophones, s'est concrétisé pour la première fois en 1993. Devenu, en 1999, une institution autonome avec son siège à Abidjan (Côte d'Ivoire), le Masa associe un marché de spectacles, un forum de professionnels et un festival (danse, théâtre, musique). Objectif : la promotion des artistes africains et leur intégration dans les circuits internationaux, plusieurs diffuseurs faisant le déplacement ;

• **VUES D'AFRIQUE**, à Montréal, déroulent en 2006 leur 22e édition. L'Afrique et les Caraïbes vues par leurs cinéastes, une sélection des meilleurs films internationaux sur ces aires culturelles, des rencontres professionnelles Nord-Sud ;

• **LE FESTIVAL PANAFRICAIN DU CINÉMA ET DE LA TÉLÉVISION DE OUAGADOUGOU (FESPACO)**, au Burkina Faso, tous les deux ans (les Journées cinématographiques de Carthage, en Tunisie, ayant lieu l'année intercalaire). En 2005, 200 films projetés, des rencontres, des colloques et des rétrospectives, et 20 longs métrages en compétition pour décrocher l'Étalon de Yennenga ;

• **LE FESTIVAL INTERNATIONAL DU FILM FRANCOPHONE DE NAMUR** (Communauté française de Belgique) a fêté en 2005 ses 20 ans qui ont vu la diffusion de plus de 2 000 films issus des quatre coins de la francophonie. Outre les projections et débats, un Forum francophone de la production permet à des porteurs de projets de bénéficier de l'avis d'experts reconnus ;

• **ÉCRANS NOIRS D'AFRIQUE CENTRALE,** un festival itinérant dont les films sélectionnés sont projetés à Bangui, Brazzaville, Douala, Libreville et Yaoundé ;

• ainsi que **QUINTESSENCE** à Ouidah (Bénin) ; le **FESTIVAL INTERNATIONAL DU FILM DU CAIRE**, le **FESTIVAL DU FILM DE PARIS** et le **FESTIVAL D'AMIENS** (France).

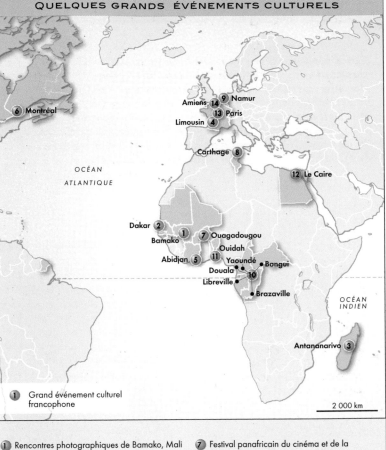

① Grand événement culturel francophone

2 000 km

① Rencontres photographiques de Bamako, Mali

② Biennale de l'art africain contemporain de Dakar, Sénégal

③ Rencontres chorégraphiques d'Afrique et de l'océan Indien. Festival tournant : les deux premières rencontres ont eu lieu à Luanda (Angola), les trois suivantes à Antananarivo (Madagascar) et les prochaines se dérouleront à Paris (France) en 2006

④ Francophonies en Limousin, France

⑤ Marché des arts du spectacle africain (Masa), à Abidjan, Côte d'Ivoire

⑥ Vues d'Afrique, Journées du cinéma africain et créole, à Montréal, Canada

⑦ Festival panafricain du cinéma et de la télévision de Ouagadougou, Burkina Faso (Fespaco)

⑧ Journées cinématographiques de Carthage, Tunisie

⑨ Festival international du film de Namur, Belgique

⑩ Écrans noirs d'Afrique centrale, à Bangui (Centrafrique), Brazzaville (Congo), Libreville (Gabon), Douala et Yaoundé (Cameroun)

⑪ Quintessence, à Ouidah, Bénin

⑫ Festival international du film du Caire, Égypte

⑬ Festival du film de Paris, France

⑭ Festival d'Amiens, France

> " *Les peuples du monde, inégaux dans leur apport économique et technologique à la vie matérielle, sont à considérer sur le même pied d'égalité par leurs cultures.*
>
> PR JOSEPH PARÉ, UNIVERSITÉ DE OUAGADOUGOU, BURKINA FASO. "

Parallèlement à la promotion de la spécificité des contenus et des expressions artistiques dans le cadre du combat pour la diversité culturelle, la Francophonie a sensibilisé ses membres à l'apport des entreprises de ce secteur au développement socio-économique. Elle cherche désormais à renforcer leurs capacités de production, notamment à travers le Fonds de garantie qu'elle a mis en place.

LA VENTE DE MUSIQUE ENREGISTRÉE AU DÉTAIL

Millions de dollars — % des ventes mondiales

Source : FIIP, in *L'industrie canadienne de la musique, profil économique 2004.*

MUSIQUE ET AUTRES PRODUITS DANS LE MONDE

Milliards de dollars par an

café 17 — coton 20 — tabac 21 — banane 27 — **musique** 50

Source : Cnuced, rapport 2001.

La prise de conscience d'un potentiel économique

Le contexte actuel de mondialisation accélérée des échanges pose en termes nouveaux la question de la diffusion des produits culturels. Surtout, la transition en cours vers une société mondiale des savoirs, dans laquelle les œuvres de l'esprit sont source de richesses, souligne que la production de biens culturels (livres, films, disques, spectacles vivants, multimédia, arts plastiques, mode, artisanat, design) peut contribuer au développement économique des pays du Sud au même titre que d'autres secteurs de production. Le Sommet mondial sur le développement durable (Johannesburg, 2002) a ainsi retenu la culture comme l'un des quatre piliers du développement durable. D'ores et déjà, la culture est un secteur primordial en termes de revenus, d'emplois et d'exportation pour nombre de pays du Nord, notamment les États-Unis. Ainsi, pour ce pays, les exportations du secteur audiovisuel dépassait dès 1999 celles du secteur du tabac ; 85 % des tickets de cinéma vendus dans le monde profitent à un film fabriqué à Hollywood.

Il est donc essentiel de valoriser le potentiel des industries culturelles du Sud et de sensibiliser les décideurs politiques à la nécessité d'intégrer l'économie de la culture dans leur stratégie de développement. Autant d'objectifs auxquels la Francophonie a, notamment, consacré la rencontre « L'apport des industries culturelles au développement durable des pays du Sud », en novembre 2004 à Ouagadougou, réunissant 150 participants d'une vingtaine de pays francophones d'Afrique de l'Ouest et centrale (cadres des ministères de la Culture et responsables de la planification aux Finances, experts en économie de la culture, entrepreneurs et opérateurs culturels, représentants d'organisations régionales et internationales).

> « *Si nos gouvernements ne disposaient plus de la latitude essentielle pour adopter des politiques [...] de soutien à la culture, [...] notre vitalité culturelle serait menacée.* »
>
> L. BEAUCHAMP, MINISTRE DE LA CULTURE ET DES COMMUNICATIONS DU QUÉBEC, DISCOURS DEVANT LES MEMBRES DU CORPS CONSULAIRE, MONTRÉAL, 26 SEPTEMBRE 2005.

LES 10 PREMIERS FILMS SUR LE MARCHÉ INTERNATIONAL (HORS ÉTATS-UNIS)

Rang	Titre	Année	Pays d'origine	Revenus bruts totaux hors États-Unis (millions de dollars)
1	Titanic	1997	États-Unis	1 235
2	Le Seigneur des anneaux : le retour du roi (III)	2003	États-Unis	752
3	Harry Potter à l'école des sorciers (I)	2001	États-Unis	651
4	Harry Potter et la chambre des secrets (II)	2002	États-Unis	604
5	Le Seigneur des anneaux : les deux tours (II)	2002	États-Unis	581
6	Jurassic Park	1993	États-Unis	563
7	Le Seigneur des anneaux : la communauté de l'anneau (I)	2001	États-Unis	547
8	Harry Potter et le prisonnier d'Azkaban (III)	2004	États-Unis	540
9	Harry Potter et la coupe de feu (IV)	2005	États-Unis	535
10	Nemo	2003	États-Unis	525

Source : www.imdb.com (The Internet Movie database). Chiffres arrêtés au 16 janvier 2006.

Un Fonds de garantie des industries culturelles en expansion

La mise en place du Fonds de garantie des industries culturelles (FGIC), destiné à réduire le risque pour l'établissement de crédit qui finance une opération d'une entreprise du secteur, et la formation des cadres des banques en analyse de projets culturels ont été initiées en 2002-2003 dans une zone test : Maroc, Tunisie, Burkina Faso, Côte d'Ivoire, Mali, Sénégal et Togo. Le Bénin et le Niger ont fait l'objet d'un dispositif particulier. Le FIGC concerne des projets d'investissement matériel ou immatériel, de production et d'acquisition d'entreprises ; le taux de garantie est de 70 % du montant de crédit. L'intérêt suscité par les formations a amené la Francophonie à les poursuivre et à les étendre aux entrepreneurs-promoteurs culturels. Des études techniques sur les aspects juridiques et comptables des actifs de propriété intellectuelle, liés au financement des entreprises, sont menées et mises à la disposition des banquiers et des opérateurs culturels.

LES FILMS SOUTENUS PAR LE FONDS IMAGE AFRIQUE

Le Fonds Image Afrique/cinéma, financé par le ministère français des Affaires étrangères, soutient, avec environ un million d'euros par an, la création cinématographique en Afrique sub-saharienne.

Cap-Vert · Sénégal · Mali · Guinée · Burkina Faso · Bénin · Nigeria · Tchad · Ethiopie · Congo · Rép./dém. du Congo · Angola · Afr. du S./ Zambie · Zimbabwe · Afr. du S./ Zimbabwe · Afrique du Sud

Nombre de projets de films soutenus entre mai 2004 et décembre 2005
1   5

Origine géographique

Pays membres de l'OIF

Pays non membres

2 500 km

Source : MAE, France.

En 2005, le projet « Développement des entreprises culturelles » dispose ainsi d'un budget annuel de 805 000 euros. Il est articulé autour de trois activités : la consolidation du mécanisme de garantie, le renforcement des capacités des banques dans l'analyse des projets culturels et de celles des promoteurs culturels. Pour ces derniers, la Francophonie organise des formations à l'élaboration de projets et à la gestion d'entreprises culturelles dans différentes filières (musique, image), comme à Bamako en novembre ou à Yaoundé en décembre 2005.

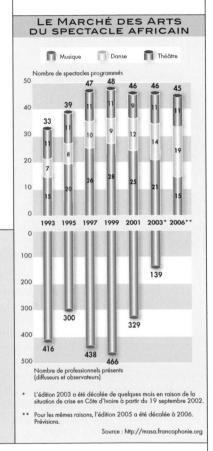

LE MARCHÉ DES ARTS DU SPECTACLE AFRICAIN

Musique   Danse   Théâtre

Nombre de spectacles programmés

(graphique : 1993 : 33 ; 1995 : 39 ; 1997 : 47 ; 1999 : 48 ; 2001 : 46 ; 2003* : 46 ; 2006** : 45)

1993 · 1995 · 1997 · 1999 · 2001 · 2003* · 2006**

Nombre de professionnels présents (diffuseurs et observateurs)
(416 ; 300 ; 438 ; 466 ; 329 ; 139)

*   L'édition 2003 a été décalée de quelques mois en raison de la situation de crise en Côte d'Ivoire à partir du 19 septembre 2002.

** Pour les mêmes raisons, l'édition 2005 a été décalée à 2006. Prévisions.

Source : http://masa.francophonie.org

Faciliter l'accès aux financements marchands

Les pays en développement sont désireux de devenir acteurs de leurs propres industries culturelles et non pas seulement consommateurs des productions en provenance du Nord.

L'adoption en octobre 2005, à l'Unesco, de la Convention sur la protection et la promotion de la diversité des expressions culturelles souligne la volonté de plus de 150 États sur les 191 membres de l'Organisation de reconnaître « la nature spécifique des activités, biens et services culturels ».

Traditionnellement, l'appui financier accordé au secteur de la culture a été et est encore largement réalisé sous forme de subventions. Cependant, ce secteur d'activité peut aussi être abordé sous un angle économique, c'est-à-dire rentable et générateur de bénéfices et d'emplois. La Francophonie a choisi d'appuyer la croissance des entreprises culturelles du Sud en facilitant leur accès aux financements marchands, par la mise en place d'un mécanisme de garantie, le renforcement des capacités des banquiers et des opérateurs culturels, conformément aux décisions prises lors des sommets de Hanoï (1997) et de Moncton (1999) ainsi qu'au cours de la IIIᵉ Conférence ministérielle sur la culture de Cotonou de juin 2001.

Appui aux politiques nationales en matière de culture

La IIIᵉ Conférence ministérielle sur la culture (Cotonou, juin 2001) a confirmé la nécessité pour de nombreux pays membres de se doter d'un dispositif réglementaire relatif à la vie culturelle, afin de créer les conditions les plus aptes à favoriser l'expression culturelle. La Francophonie, par des actions d'information, de documentation et de formation, aide en conséquence ses membres dans la définition et la mise en œuvre de telles politiques. Objectifs : renforcer leur capacité en matière d'organisation de la vie culturelle ; renforcer le respect et la protection des droits des créateurs ; favoriser l'implication du secteur privé dans le financement de la culture. Les domaines concernés sont les droits d'auteurs et la lutte contre la piraterie, le statut des créateurs, la réglementation et la législation en matière de culture. Ce programme dispose d'un budget annuel de 290 000 euros (2005).

La Francophonie réunit des pays allant des plus riches aux plus pauvres de la planète. L'organisation elle-même ne dispose pas de moyens financiers importants et ses actions, par rapport aux interventions des bailleurs de fonds internationaux et des coopérations bilatérales, sont donc spécifiques : elles reposent sur l'idée de promouvoir une solidarité de savoirs aux effets de levier plus que de moyens. Cependant, la solidarité francophone se manifeste à l'échelle de l'aide bilatérale dispensée par les pays riches du groupe prioritairement à ses membres moins favorisés.

Des plus riches aux plus pauvres

L'hétérogénéité des pays membres de la Francophonie est particulièrement visible au plan économique. Elle compte en son sein trois pays membres du G8, onze pays appartenant à l'Organisation de coopération et de développement économiques (OCDE), qui se définit comme « un cadre unique où les gouvernements de trente démocraties de marché œuvrent ensemble pour relever les défis économiques, sociaux et de gouvernance liés à la mondialisation, ainsi que pour tirer parti des possibilités qu'elle offre » et est de fait un club des pays les plus avancés. Parmi ces onze pays francophones membres de l'OCDE, tous situés au Nord, sept sont en outre des bailleurs de fonds membres du Comité d'aide au développement (CAD), instance qui « encourage et harmonise l'aide des pays de l'OCDE aux pays en développement ». Mais la Francophonie compte également vingt-quatre pays classés dans la catégorie des pays les moins avancés (PMA), une liste établie par les Nations unies de cinquante territoires qui sont, notamment, les destinataires d'un programme spécial mené par la Conférence des Nations unies sur le commerce et le développement. Ces vingt-quatre pays se trouvent au Sud, et principalement en Afrique.

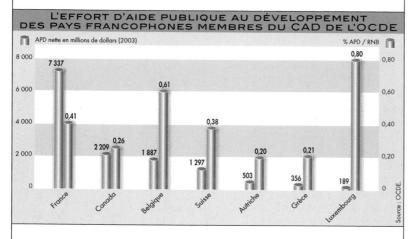

L'EFFORT D'AIDE PUBLIQUE AU DÉVELOPPEMENT DES PAYS FRANCOPHONES MEMBRES DU CAD DE L'OCDE

APD nette en millions de dollars (2003) — % APD / RNB
Source : OCDE.

Des actions structurantes aux effets de levier

Depuis le Sommet du millénaire des Nations unies, en 2000, et conformément aux Objectifs du millénaire pour le développement alors adoptés, dont le premier est de « réduire de moitié, d'ici à 2015, la proportion de la population dont le revenu est inférieur à 1 dollar par jour », tous les acteurs de la coopération affichent pour priorité absolue la réduction de la pauvreté. Avec ses moyens limités, la Francophonie mène des actions dont l'impact espéré ne peut se mesurer qu'en termes d'effet démultiplicateur.

Elle travaille notamment à l'insertion des pays membres du Sud dans l'économie mondiale : appui à leur participation aux négociations commerciales multilatérales, au développement durable en matière d'énergie et d'environnement, à l'accès aux financements internationaux ou encore à des expériences pilotes visant les populations les plus vulnérables, comme les femmes et les jeunes. La Francophonie cherche ainsi à traduire en actions structurantes le principe de solidarité qui constitue l'une de ses dimensions fondamentales. Elle cherche également à valoriser les compétences disponibles dans certains pays du Sud pour réaliser des actions au profit d'autres pays du Sud. Toutes ces actions sont considérées comme une contribution (et non un substitut) aux politiques et stratégies nationales de développement.

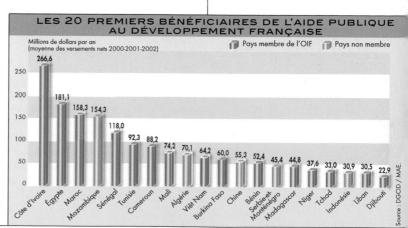

LES 20 PREMIERS BÉNÉFICIAIRES DE L'AIDE PUBLIQUE AU DÉVELOPPEMENT FRANÇAISE

Millions de dollars par an (moyenne des versements nets 2000-2001-2002) — Pays membre de l'OIF — Pays non membre
Source : DGCID / MAE.

PHONES, ENJEU DE LA SOLIDARITÉ

L'INDICATEUR DE DÉVELOPPEMENT HUMAIN

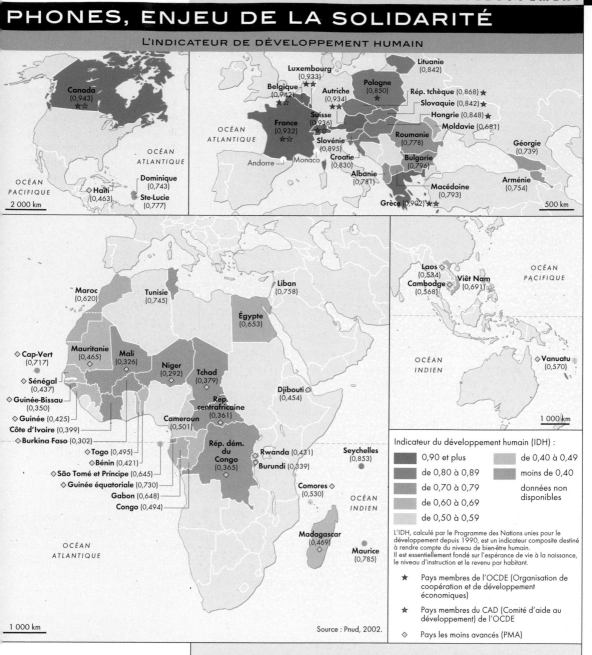

Indicateur du développement humain (IDH) :

- 0,90 et plus
- de 0,80 à 0,89
- de 0,70 à 0,79
- de 0,60 à 0,69
- de 0,50 à 0,59
- de 0,40 à 0,49
- moins de 0,40
- données non disponibles

L'IDH, calculé par le Programme des Nations unies pour le développement depuis 1990, est un indicateur composite destiné à rendre compte du niveau de bien-être humain. Il est essentiellement fondé sur l'espérance de vie à la naissance, le niveau d'instruction et le revenu par habitant.

★ Pays membres de l'OCDE (Organisation de coopération et de développement économiques)

★ Pays membres du CAD (Comité d'aide au développement) de l'OCDE

◇ Pays les moins avancés (PMA)

Source : Pnud, 2002.

> **"**
> *La langue qui vous unit est le support d'une alliance morale et politique visant à répondre aux besoins de justice, de paix et de développement. L'ONU soutient cet idéal communautaire.*
> K. ANNAN, SECRÉTAIRE GÉNÉRAL DE L'ONU, DÎNER DES FRANCOPHONES, NEW YORK, 2005.
> **"**

L'information, base du développement

La Francophonie, fidèle à sa politique de renforcement des capacités des pays francophones, et le Centre international pour le commerce et le développement durable (ICTSD) ont développé conjointement AfriCoDev. Ce portail francophone offre une sélection de documents officiels, d'analyses et de nouvelles classés par thème sur les négociations commerciales à l'Organisation mondiale du commerce, les Accords de partenariats économiques (APE) entre l'Union européenne et les pays ACP et l'intégration régionale en Afrique. AfriCoDev contient également un calendrier des négociations en cours ainsi que des liens vers diverses sources d'informations et institutions travaillant sur ces thèmes.

Les projets économiques de la Francophonie répondent aux exigences exprimées par la Conférence des ministres de l'Économie et des Finances (Monaco, 1999), et des sommets de l'Organisation, particulièrement celui de Beyrouth (2002). Elles ont deux objectifs principaux, qui dessinent les axes d'intervention francophones : contribuer au renforcement de l'économie des pays du Sud, par un appui aux stratégies de développement économique, et favoriser leur intégration dans le processus de mondialisation.

Favoriser les échanges entre pays membres

En matière d'intégration des pays de la Francophonie à l'économie mondiale, les principales actions portent sur le renforcement de l'expertise et des capacités des pays membres dans le domaine des négociations commerciales multilatérales, par la mise en place d'une plate-forme d'experts en négociation des accords de partenariat économique (ACP/UE) ; sur la promotion du commerce et de l'investissement intra et interrégional ainsi que la promotion des flux commerciaux et d'investissement à l'intérieur et entre les entités économiques régionales.

Ainsi, pour préparer la participation des pays francophones du Sud à la VIᵉ Conférence ministérielle de l'Organisation mondiale du commerce (OMC) de Hong Kong fin 2005, la Francophonie a réuni à Cotonou (Bénin) les représentants de 34 pays francophones et de six organisations régionales et internationales. Après l'identification des enjeux de la conférence et des priorités et points d'intérêt communs aux pays francophones du Sud, les éléments d'une « feuille de route » vers la Conférence ministérielle ont été définis. Quelques semaines auparavant, c'est à Hanoi (Viêt Nam) que la Francophonie réunissait près de 120 professeurs d'universités et cadres des administrations des pays francophones d'Asie, tels le Cambodge, le Laos ou le Viêt Nam pour une formation en négociations commerciales multilatérales.

L'insertion dans l'économie mondiale, c'est aussi l'insertion des pays francophones dans la société de l'information et l'augmentation des échanges commerciaux entre eux. Dans ce but, une cinquantaine de participants venus des pays de la Communauté économique des États d'Afrique de l'Ouest (Cedeao), de France et du Canada ont suivi une formation au droit du commerce électronique, organisée par la Francophonie en juin 2005 à Conakry (Guinée). Ils ont été initiés aux principes fondamentaux des transactions électroniques, à la problématique des contrats conclus via Internet et, d'une manière générale, à la formulation des lois nationales sur le commerce électronique dans le contexte de l'économie mondiale numérique.

Renforcer l'économie de proximité

En matière d'appui aux stratégies de développement économique, les principales actions portent sur l'accompagnement des pays membres, notamment du Sud, dans la recherche de solutions cohérentes avec leurs situations spécifiques, en leur facilitant, par exemple, l'accès aux financements internationaux ; sur le renforcement de l'économie de proximité, à travers l'accompagnement des structures d'appui (publiques et privées) aux micro-entreprises et aux PME du secteur de l'artisanat ; sur le renforcement des capacités des promoteurs dans la formulation, l'analyse et la gestion de projets culturels, et le soutien à l'émergence d'une expertise locale en matière de financement de projets culturels (voir p. 46-47).

Dix entrepreneurs de différents pays francophones du Sud ont ainsi participé, grâce à la Francophonie, à la 10ᵉ édition du forum international d'affaires Futurallia, début juin 2005 à Louvain-la-Neuve (communauté française de Belgique). Cette manifestation permet à des entrepreneurs de tous secteurs de se rencontrer pour discuter affaires, au cours de rendez-vous planifiés de 30 minutes ou de rencontres informelles. Les entrepreneurs francophones ont pris de nombreux contacts en vue de partenariats commerciaux, techniques ou financiers. Certains sont repartis avec des promesses de contrat pour la vente de leurs produits, d'autres ont jeté les bases de partenariats techniques.

PAYS FRANCOPHONES

STRUCTURE DES ÉCHANGES COMMERCIAUX DE QUELQUES PAYS FRANCOPHONES DU SUD

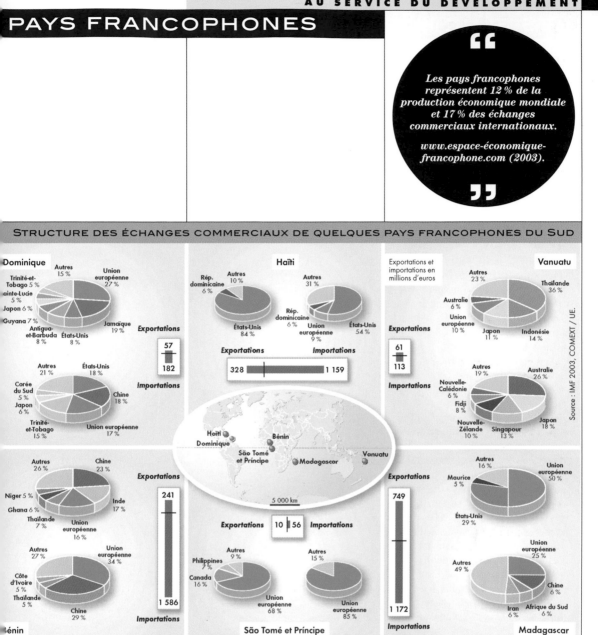

Source : IMF 2003, COMEXT / UE.

Identifier les opportunités d'affaires générées par l'aide publique au développement

À la suite du Symposium sur l'accès aux financements internationaux organisé en mai 2004 à Paris, la Francophonie lance le projet « Accès aux marchés de l'aide publique au développement » (Amade) à l'intention des pays francophones du Sud et d'Europe centrale et orientale qui pourraient mieux bénéficier des financements internationaux existant pour le développement.

La Francophonie travaille donc à rendre accessible une meilleure information en français sur les mécanismes de financement des projets ainsi qu'à la formation des cadres des pays bénéficiaires aux procédures et méthodes des bailleurs de fonds internationaux. Les deux premiers d'une série de séminaires régionaux ont ainsi eu lieu en septembre 2005 à Douala (Cameroun) et Kinshasa (RDC).

La migration humaine est aussi vieille que l'histoire des hommes ; volontaires ou contraints, ceux-ci se sont toujours déplacés à la recherche d'un mieux-être. Les causes en sont multiples ; les épisodes coloniaux et leur corollaire, le sentiment d'appartenance à un espace culturel et linguistique commun, expliquent nombre de flux entre le Sud et le Nord, le Nord et le Sud, et à l'intérieur d'un même continent. Dans le cas de certains pays d'accueil (France, Belgique), la politique et le système migratoires découlent directement de leur passé d'ancienne puissance tutélaire et varient en fonction des réglementations.

Un exemple Sud-Sud : Côte d'Ivoire et Afrique de l'Ouest

Durant sa relative prospérité économique, la Côte d'Ivoire accueille jusqu'à 35 % d'étrangers. Elle est à la fois symbole et épicentre de l'évolution démographique de l'Afrique de l'Ouest. Entre 1976 et 1980, le solde migratoire est de 1,3 million d'habitants (50 % de Burkinabe, 300 000 Maliens et 100 000 Guinéens). La crise économique aidant, entre 1988 et 1992, ce solde devint négatif. En 1998, 4 millions d'étrangers (plus de 90 % de francophones) vivent en Côte d'Ivoire (26 % de la population), souvent présents depuis plusieurs décennies. Depuis la crise politique de 2002, de nombreux départs vers les pays d'origine des migrants ou vers le nord du pays entraînent une fragilisation de l'économie de plantation. Les migrations Sud-Sud sont bien plus importantes que celles qui concernent l'Europe, pour des raisons culturelles, sociales (statut initiatique de l'exil), historiques (héritage colonial), économiques et démographiques (crises au Sahel).

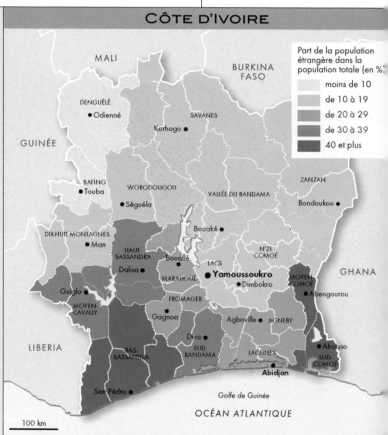

CÔTE D'IVOIRE

Part de la population étrangère dans la population totale (en %)

- moins de 10
- de 10 à 19
- de 20 à 29
- de 30 à 39
- 40 et plus

100 km

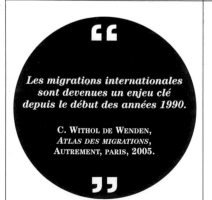

Les migrations entre la France et ses anciennes colonies : une permanente évolution

En France, la période 1945-1975 fut appelée les « Trente Glorieuses de l'immigration ». À partir des années 1970, les discussions européennes, l'émergence de normes internationales et le début de la politisation du dossier dans toute l'Europe modifient les règles du jeu. On tente de faire repartir les ressortissants nord-africains, alors que, parallèlement, l'immigration venue d'Afrique subsaharienne se développe. En 1984, en France, l'accès à la nationalité des enfants d'immigrés est contesté. C'est à partir de la fin des années 1990 que les courants migratoires se sont accélérés. La question migratoire est alors devenue un réel enjeu de politique, tant au plan intérieur qu'au niveau de l'Union.

NTS ANCIENS

L'Europe, la France et l'Afrique

L'Europe reste marginale dans le flux migratoire international (si environ 100 000 Sénégalais y résident, 300 000 vivent en Afrique hors de leur pays) ; mais elle attire de plus en plus. La France est l'un des pays de l'Union les plus attrayants. En 1992, elle accueillait 300 000 Maghrébins (pour 1,7 million en Europe) ; les migrations africaines y ont augmenté de 150 % entre 1968 et 1975, de 50 % entre 1982 et 1990. En 2003-2004, l'immigration extracommunautaire a crû de 30 %, majoritairement pour cause de « vie privée (mariages) et familiale ».

Tous les pays africains sont représentés : les Maghrébins, les Maliens et les Sénégalais sont les plus présents ; les Congolais, Malgaches, Ivoiriens, Camerounais et Mauriciens (diaspora très féminisée) augmentent fortement depuis peu. Le flux annuel d'irréguliers, dont l'évaluation reste problématique, serait de l'ordre de 140 000 à 180 000 personnes.

Un exemple Sud-Nord : le système de la noria

Jusqu'au milieu des années 1970, une immigration en provenance du Mali, de la Mauritanie et du Sénégal vers la France est régie par le système dit de « noria » : une migration rotative, contrôlée par les structures familiales. Des hommes de la même communauté travaillent durant trois ou quatre ans avant de céder la place et de revenir au pays. Cette migration implique une obligation de transfert financier (souvent un tiers du revenu), conduit les migrants à accepter des conditions de vie précaires (foyers Sonacotra) et freine l'intégration. Plusieurs collectivités territoriales développent des projets dans les régions d'origine des migrants. Le regroupement familial a enrayé le système. Aujourd'hui, au sein des deuxième et troisième générations de migrants, désormais installés de façon durable, l'intégration est rendue difficile par les chocs culturels et notamment la question de l'autorité dans la famille.

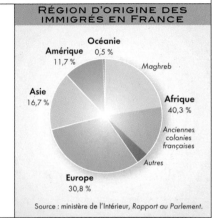

RÉGION D'ORIGINE DES IMMIGRÉS EN FRANCE

Océanie 0,5 %
Amérique 11,7 %
Maghreb
Asie 16,7 %
Afrique 40,3 %
Anciennes colonies françaises
Autres
Europe 30,8 %

Source : ministère de l'Intérieur, Rapport au Parlement.

LES PORTES D'ENTRÉE DE L'IMMIGRATION ILLÉGALE EN EUROPE

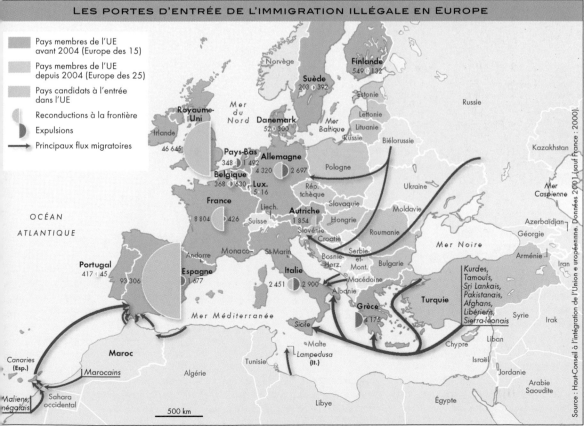

Pays membres de l'UE avant 2004 (Europe des 15)

Pays membres de l'UE depuis 2004 (Europe des 25)

Pays candidats à l'entrée dans l'UE

Reconductions à la frontière

Expulsions

Principaux flux migratoires

Norvège
Finlande 549 ▷ 132
Suède 203 ▷ 392
Estonie
Russie
Royaume-Uni
Mer du Nord
Danemark 52 ▷ 300
Mer Baltique
Lettonie
Lituanie
Russie
Kazakhstan
Irlande
46 645
Pays-Bas 348 ▷ 492
Allemagne 4 320 ▷ 2 697
Biélorussie
Belgique 368 ▷ 630
Lux. 5 ▷ 16
Pologne
Ukraine
Mer Caspienne
France 8 804 ▷ 426
Liech.
Suisse
Autriche 1 854
Rép. tchèque
Slovaquie
Moldavie
Azerbaïdjan
OCÉAN ATLANTIQUE
Andorre
Monaco
St-Marin
Slovénie
Croatie
Hongrie
Roumanie
Géorgie
Mer Noire
Arménie
Iran
Portugal 417 ▷ 45
93 306
Espagne 1 677
Italie 2 451 ▷ 2 900
Bosnie-Herz.
Serbie-et-Mont.
Bulgarie
Kurdes, Tamouls, Sri Lankais, Pakistanais, Afghans, Libériens, Sierra-léonais
Macédoine
Albanie
Turquie
Syrie
Irak
Mer Méditerranée
Sicile
Grèce 4 175
Chypre
Liban
Canaries (Esp.)
Marocains
Maroc
Algérie
Tunisie
Malte
Lampedusa (It.)
Israël
Jordanie
Maliens, Sénégalais
Sahara occidental
Libye
Égypte
Arabie Saoudite

500 km

Source : Haut-Conseil à l'intégration de l'Union européenne. Données 2001 (sauf France : 2000).

L'Europe organise progressivement son propre système d'accueil. La France penche en faveur de l'instauration de quotas économiques ; nombre de francophones du Sud, les Africains en particulier, choisissent l'Espagne et l'Italie, réputées plus accessibles, mais aussi les États-Unis (Sénégalais) ou les Pays-Bas (Marocains). Le Canada, nouvel eldorado de l'immigration francophone, sélectionne ses immigrés en fonction de critères parmi lesquels celui de la langue joue un rôle important. Mais cette dynamique se fait au détriment des pays du Sud, qui assistent à la fuite des personnels formés.

LA FUITE DES CERVEAUX POUR QUELQUES PAYS DE LA FRANCOPHONIE

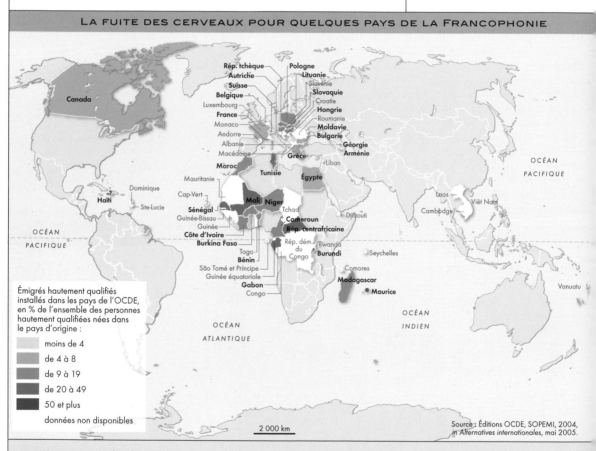

Émigrés hautement qualifiés installés dans les pays de l'OCDE, en % de l'ensemble des personnes hautement qualifiées nées dans le pays d'origine :

- moins de 4
- de 4 à 8
- de 9 à 19
- de 20 à 49
- 50 et plus
- données non disponibles

2 000 km

Source : Éditions OCDE, SOPEMI, 2004, in *Alternatives internationales*, mai 2005.

Des origines multiples

En France comme en Belgique, aux flux traditionnels provenant majoritairement des pays francophones et de leurs anciennes colonies d'Afrique, s'ajoutent désormais des flux plus variés (pays de l'Est européen) et plus lointains : océan Indien, Asie du Sud-Est, Haïti, mais aussi Chine, Sri Lanka, Pakistan. Pôle migratoire attractif, l'Europe s'est dotée d'un espace unique (l'espace Schengen) et d'un glacis protecteur, par le biais d'accords passés avec les pays limitrophes de l'Union. En France, les Britanniques sont en forte croissance ; les ressortissants d'Asie représentent 15 % des étrangers en 2004, contre 12 % en 1999 ; les Africains passent de 39 à 42 %, avec une forte poussée des Subsahariens. La Belgique accueille près d'un million d'étrangers, dont 60 % d'Européens ; les Marocains sont environ 100 000, mais un grand nombre sont naturalisés.

À cela s'ajoutent les flux touristiques et estudiantins, souvent source d'immigration clandestine. La France accueille 240 000 étudiants étrangers, dont 50 % d'Afrique. En Belgique, où les étrangers représentent 8 % de la population, les étudiants subsahariens, parmi lesquels une forte majorité de Congolais et de Camerounais, sont en nette progression. La Suisse se distingue par une proportion d'étrangers qui avoisine les 20 % de la population, parmi lesquels les originaires des Balkans et d'Europe centrale sont en augmentation.

SANCE ET DIVERSITÉ

Sources : OIM, Rapport sur l'immigration 2002
[pour 2000, ONU, Rapport 2002],
in S. Smith, Atlas de l'Afrique, Éditions Autrement, Paris, 2005.

Les Comores : un condensé de la problématique migratoire

Petit archipel du sud-ouest de l'océan Indien, l'Union des Comores (700 000 habitants) se caractérise par une forte émigration. À tel point que la première communauté comorienne n'est pas Moroni, la capitale, mais Marseille, en France, où se concentrent 70 000 d'entre eux ; les implantations portuaires sont une tradition comorienne. Les autres diasporas sont installées à Dunkerque, Nantes et Bordeaux, à Saint-Denis de la Réunion, à Mayotte et à Majanga, au nord-ouest de Madagascar. Entre le quart et le tiers des Comoriens résident hors du territoire ; les transferts financiers équivalent exactement au budget de l'État ; la fuite des personnels formés est spectaculaire : plus de 90 % du corps médical exerce hors du pays.

L'ORIGINE DES ÉTUDIANTS ÉTRANGERS

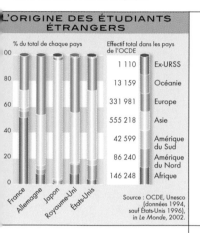

Effectif total dans les pays de l'OCDE	
1 110	Ex-URSS
13 159	Océanie
331 981	Europe
555 218	Asie
42 599	Amérique du Sud
86 240	Amérique du Nord
146 248	Afrique

Source : OCDE, Unesco
(données 1994,
sauf États-Unis 1996),
in Le Monde, 2002.

« Le nouveau pillage du Sud »...

Le «pillage» des cadres et professionnels du Sud par l'Occident, plébiscité par ceux qui veulent fuir les conditions précaires et instables de leur pays, hypothèque durablement leur propre développement : on estime à 20 000 par an la fuite des diplômés africains. Résultat : il y a plus de scientifiques africains à l'étranger qu'en Afrique et la perte est de 50 % pour les diplômés mauriciens. D'après la Banque mondiale, depuis les indépendances, l'Afrique a perdu un tiers de ses cadres et professions libérales ; les États-Unis en sont les principaux bénéficiaires. C'est dans la santé que ces pénuries sont les plus criantes. Au Canada, dans certains hôpitaux, plus de 50 % des médecins ont été formés à l'étranger, dont un cinquième en Afrique du Sud. Ce pays demande donc au Canada de cesser ces recrutements. *A contrario* et paradoxalement, l'Algérie compte des médecins au chômage.

Le Canada et le Québec

Au Canada, second pays d'accueil des étrangers après l'Australie (de 225 000 à 245 000 immigrés par an), l'immigration permanente est la norme ; l'objectif visé est de 320 000 par an. Avec 45 000 migrants accueillis en 2004, le Québec (un quart de la population nationale) affiche une politique volontariste. Être francophone est un critère essentiel d'admission avec le niveau de formation et la qualification professionnelle : 50 % des admis parlent français ; les autres sont incités à apprendre rapidement cette langue, dispensée à 80 % des scolarisés et décrétée langue d'enseignement par la loi 101 (1977). Les Africains, les ressortissants du Sud-Est asiatique francophone, les Français, les Libanais, les Haïtiens représentent 50 % de la population étrangère du Québec. Dans les autres provinces du Canada, les ressortissants des pays asiatiques et du Moyen-Orient sont les plus nombreux, parmi lesquels beaucoup de réfugiés.

> *Nous devons contribuer à éviter les exodes des chercheurs, essentiellement ceux du Sud [...] aider étudiants et enseignants à s'ancrer sur place et promouvoir l'excellence universitaire en Afrique, en Asie, en Océanie.*
>
> M. GENDREAU-MASSALOUX, RECTRICE DE L'AUF, DOSSIER RFI/MFI, SOMMET DE OUAGADOUGOU, 2004.

... MAIS DES TRANSFERTS FINANCIERS SALVATEURS. Les transferts des communautés immigrées sont essentiels pour l'économie de certains pays (Maroc, Mali, Sénégal, Mauritanie, Comores, Cap-Vert, Haïti, etc.), pour un montant sept à dix fois supérieur à l'aide internationale. Ces sommes ne profitent pas toujours au développement. Les dépenses de prestige en absorbent une part importante. Des associations (au Maroc, au Mali), avec l'aide des pays d'accueil et d'origine (concept du codéveloppement), tentent de mieux orienter cette épargne vers des projets sociaux.

LES DONNÉES DÉMOGRAPHIQUES ET FINANCIÈRES

Données démographiques et financières des principales communautés migrantes en France

	Montant des transferts reçus (en millions de dollars)	Part du PIB (2001)	Part de l'APD totale reçue (2001)	Nombre d'immigrés en France et dans les pricipaux pays de l'OCDE ou d'Afrique
Maroc	1 900 (1999)			522 100 (France, 1999)
	2 300 (2000)			199 800 (Espagne)
	3 600 (2001)	10,9 %	700 %	159 600 (Italie)
				111 400 (Pays-Bas)
Mali	112 (1995)			35 978 (France, 1999)
	84 (1999)	3,5 %	24 %	407 000 (Afrique de l'Ouest, 1990)
Sénégal	86 (1995)			53 869 (France, 1999)
	93 (1999)			39 000 (Italie, 1999)
				11 500 (Espagne, 1999)
	130 (2000)	3 %	31 %	269 650 (principaux pays d'Afrique, 1997)

Sources : Office des changes marocains 2002 / Banque mondiale 2000 / Organisation internationale pour l'immigration, rapport annuel 2002, in Rapport Migrations et phénomènes migratoires, novembre 2003, in Stephen Smith, Atlas de l'Afrique, Éditions Autrement, Paris, 2005.

Dans l'espace francophone, la santé et la scolarisation apparaissent toujours comme des enjeux cruciaux. Si cet espace ne peut se résumer au seul décompte des populations, son poids démographique – des individus plus nombreux car en bonne santé et mieux éduqués – constitue malgré tout un enjeu majeur à l'échelle internationale.

MÉDECINS ET MORTALITÉ INFANTILE

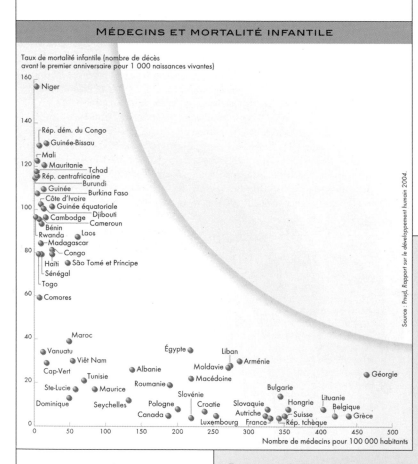

Taux de mortalité infantile (nombre de décès avant le premier anniversaire pour 1 000 naissances vivantes)

Nombre de médecins pour 100 000 habitants

Source : Pnud, *Rapport sur le développement humain 2004.*

Améliorer l'information sur la reproduction et les droits des femmes

À son échelle et parce que la santé passe par les femmes, la Francophonie appuie des actions pour lutter contre les mutilations génitales faites aux femmes, notamment au Mali, au Tchad, au Burkina Faso et au Cameroun. Ainsi a-t-elle financé au Mali la formation d'éducatrices, de responsables d'ONG et d'animateurs de radios sur les méfaits de l'excision. À Djibouti, au Mali et en Guinée, des journalistes de radio ont reçu une formation afin de mener campagne pour l'abandon des mutilations sexuelles féminines. Au Burkina Faso, à l'île Maurice, au Cap-Vert, à Vanuatu comme au Congo, des associations de jeunes filles et de femmes ont reçu des contributions afin d'améliorer l'information sur la reproduction, les droits des femmes et la lutte contre le sida.

La santé : renforcer les capacités

La santé, affirme Abdou Diouf, secrétaire général de l'OIF, est désormais davantage prise en considération, tant son importance et l'urgence du défi à relever dans ce secteur sont vitales pour les pays francophones du Sud, en Afrique et en Asie notamment. Cette prise de conscience faisant de la santé un élément décisif du développement est encore loin de se traduire dans les budgets et les politiques des États.

Pour sa part, la Francophonie intervient dans le domaine de la santé par le renforcement des capacités, principalement via son Agence universitaire, l'AUF. Ainsi, l'Institut de la francophonie pour la médecine tropicale de Vientiane (Laos) dispense un enseignement de 3e cycle sur les maladies tropicales destiné aux médecins francophones de la région d'Asie du Sud-Est, tandis que des formations doctorales ont été mises en place pour permettre à de jeunes chercheurs de se spécialiser dans le domaine des maladies infectieuses tropicales à l'École doctorale de Franceville (Gabon). Des réseaux de chercheurs ont été créés fin 2003 concernant les endémies anciennes ou émergentes. Les maladies à transmission vectorielle (moustique, vers), notamment parasitaires, bactériennes et virales, seront au cœur des travaux qui privilégient le perfectionnement des chercheurs. Ces recherches seront particulièrement axées sur la production d'outils de prévision, de dépistage, d'intervention, de prévention.

> **❝**
> *Les pays francophones pourront se faire entendre dans la mesure où ils forment un ensemble suffisamment important sur le plan démographique...*
>
> R. MARCOUX, *CAHIER QUÉBÉCOIS DE DÉMOGRAPHIE*, VOL. 32, N° 2, AUTOMNE 2003.
> **❞**

Le défi de l'éducation

La médiocre qualité et le faible développement quantitatif de l'éducation en Afrique francophone sont liés, en partie, aux contraintes financières. Alors que les ressources publiques sont déjà limitées, la proportion de celles-ci, que la plupart des pays mobilisent pour l'école, est insuffisante. En outre, les ressources extrabudgétaires (frais de scolarité ou contribution des entreprises) sont tellement faibles qu'elles ne couvrent pas les besoins les plus élémentaires.

Pour rendre leurs systèmes éducatifs viables, ces pays doivent recourir à l'octroi de fonds par les donateurs. Mais depuis quatre ans, l'on note une tendance à la baisse de l'aide mondiale à l'éducation. Or, comme le montrent diverses études sur le sujet, l'avenir de la francophonie réelle dans le monde dépend en grande part de la scolarisation du Sud francophone.

« LA FRANCOPHONIE DE DEMAIN »

(Monde)   Millions d'habitants   (Francophonie)

- ▬▬▬ Population des pays membres de l'OIF en 2002 ayant le français comme langue officielle
- ▬ ▬ ▬ Population des pays membres de l'OIF en 2002
- ▬ ▬ Locuteurs francophones dans le monde, si leur proportion dans les populations reste au niveau de 2000
- ▬ ▬ Locuteurs francophones dans le monde, si leur proportion dans les populations s'accroît grâce à une augmentation de la scolarisaton au Sud

Hypothèse retenue dans les pays d'Afrique où le français est langue d'enseignement et Haïti : 70 % de francophones en 2025 et 95 % en 2050

- ▬▬▬ Population mondiale

Source : R. Marcoux et M. Gagné, "La Francophonie de demain", in Cahiers québécois de démographie, vol. 32, n°2, 2003.

Des médicaments encore inaccessibles

Dans les régions pauvres d'Afrique ou d'Asie, l'inaccessibilité des médicaments concerne jusqu'à 50 % de la population. Alors que les États-Unis absorbent la moitié des médicaments produits dans le monde et l'Europe 25 %, l'Afrique, l'Asie et l'Océanie réunies en consomment seulement 8 %, ces trois continents représentant 75 % de la population mondiale. Pour le secrétaire général de l'OIF, « cette situation n'est pas acceptable et il est inadmissible de voir […] la lenteur avec laquelle les réponses sont apportées au niveau international ». Abdou Diouf est cependant convaincu, « comme le prouvent les succès récents de la lutte contre la rougeole, qu'avec une dose suffisante de volontarisme, les réussites sont possibles […]. Dans la lutte contre le sida, ce qui semblait utopique […] est aujourd'hui envisageable, notamment grâce aux efforts accomplis sur le prix des médicaments ». Toutefois, sur le terrain, les progrès restent modestes.

L'ESPÉRANCE DE VIE DANS LES PAYS MEMBRES DE L'OIF

Source : Pnud, Rapport sur le développement humain 2004.

*Soucieuse du développement durable,
la Francophonie ne pouvait pas rester étrangère
à la question de l'eau, de l'assainissement
et, plus largement, de l'environnement.
L'accès à l'eau est en effet de plus en plus
considéré comme l'une des clés du développement.
L'OIF s'est d'ailleurs dotée d'un organe subsidiaire,
l'IEPF, l'Institut de l'énergie et de l'environnement
de la Francophonie (voir p. 23).*

L'ACCÈS À L'EAU

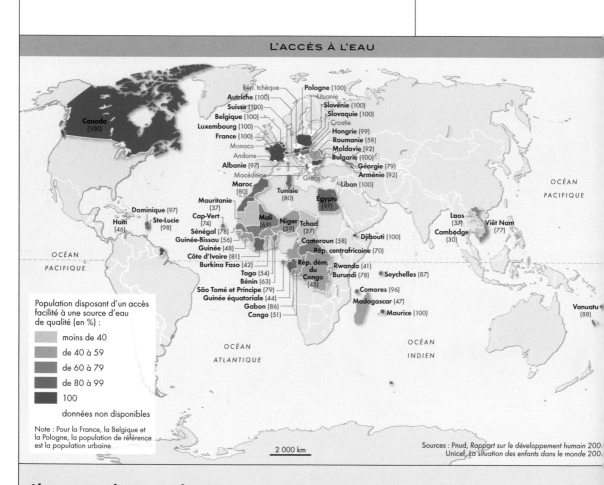

Population disposant d'un accès
facilité à une source d'eau
de qualité (en %) :

- moins de 40
- de 40 à 59
- de 60 à 79
- de 80 à 99
- 100
- données non disponibles

Note : Pour la France, la Belgique et
la Pologne, la population de référence
est la population urbaine

2 000 km

Sources : Pnud, *Rapport sur le développement humain 200.*
Unicef, *La situation des enfants dans le monde 200.*

L'eau, source de vie... ou de mort

On estime que plus de 1,1 milliard de personnes dans le monde n'ont pas accès à une eau potable, et 2,4 milliards à l'assainissement de base. La communauté internationale s'est engagée à réduire de moitié ces chiffres d'ici à 2015. Aujourd'hui, 106 pays représentant 45 % de la population mondiale sont dans une situation de « stress hydrique » : l'eau y est rare ou il y est impossible de sécuriser un approvisionnement régulier en eau de qualité.

L'eau de mauvaise qualité et le défaut d'assainissement sont à l'origine de 90 % des maladies diarrhéiques. Ces maladies tuent chaque année 1,6 million de personnes, dont 90 % d'enfants de moins de cinq ans vivant, pour la plupart, dans les pays en développement. Selon l'OMS, l'amélioration de la qualité de l'eau ferait reculer de 21 % cette morbidité et un meilleur assainissement éviterait plus de 37 % des cas. L'insuffisance de l'eau et de

son assainissement ont par ailleurs un impact sur plusieurs autres maladies : paludisme (qui tue chaque année un million d'enfants en Afrique), schistosomiase, hépatites, bilharziose, trachome...

Dotée de 17 grands fleuves et de plus de 160 lacs majeurs, l'Afrique n'utilise pourtant, selon l'ONU, qu'environ 4 % de sa quantité annuelle totale de ressources renouvelables en eau pour l'agriculture, l'industrie et les besoins ménagers.

NNEMENT

En soutien au protocole de Kyoto

Une initiative francophone sur le Mécanisme pour un développement propre (MDP) pour la période 2005-2009 a été lancée à l'issue du séminaire organisé en avril 2005 à Montréal (Canada). Plus de 150 participants venant de 34 pays francophones ont pris part à ce séminaire organisé à l'initiative de l'Institut de l'énergie et de l'environnement de la francophonie (IEPF). Le MDP, créé par le Protocole de Kyoto, représente un atout considérable favorisant la coopération internationale autour de projets concrets de développement durable. Il constitue un exemple de solidarité entre francophones dans un domaine novateur en matière de coopération.

La Francophonie et ses partenaires passent à l'action

Un colloque organisé par l'IEPF, en avril 2004 à Ouagadougou (Burkina Faso), sur le thème « Économie de l'eau et développement durable : quelle gouvernance ? », a débouché sur l'adoption d'un cadre d'action sur l'économie et la gouvernance de la ressource eau et sur l'identification d'une banque de projets sur la gestion intégrée des ressources en eau. Le cadre d'action vise à identifier les rôles des différents acteurs, les sensibiliser et les former.

Des projets pilotes ont été mis en place par l'IEPF. Au Burkina Faso, par exemple, ont été créés, au Centre régional pour l'eau potable et l'assainissement, une base de données et un système d'information géographique, ainsi qu'un outil de gestion informatisée des infrastructures d'eau potable. L'AUF soutient des formations de 3ᵉ cycle spécialisées dans la gestion de l'eau à Rabat (Maroc), à Ouagadougou (Burkina) et à Niamey (Niger), et a constitué un réseau de chercheurs traitant, entre autres, de la conservation des eaux et de leurs qualités.

Le Programme spécial de développement de la Francophonie a retenu, le 5 avril 2005, une trentaine de microprojets de développement rural dans 14 pays francophones du Sud. Chaque projet recevra un soutien s'échelonnant entre 5 000 et 10 000 euros. La majorité d'entre eux concernent l'hydraulique villageoise, la transformation des produits locaux et la sécurité alimentaire.

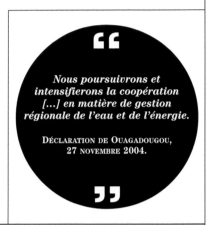

Nous poursuivrons et intensifierons la coopération [...] en matière de gestion régionale de l'eau et de l'énergie.

DÉCLARATION DE OUAGADOUGOU, 27 NOVEMBRE 2004.

LA MORTALITÉ DES ENFANTS

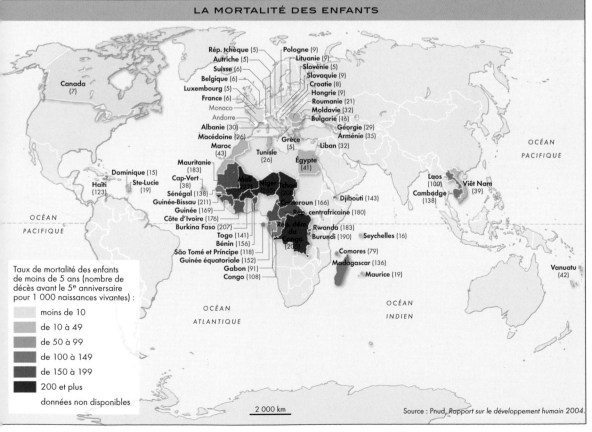

Taux de mortalité des enfants de moins de 5 ans (nombre de décès avant le 5ᵉ anniversaire pour 1 000 naissances vivantes) :

- moins de 10
- de 10 à 49
- de 50 à 99
- de 100 à 149
- de 150 à 199
- 200 et plus
- données non disponibles

2 000 km

Source : Pnud, *Rapport sur le développement humain 2004.*

Les dimensions universitaire et scientifique de la Francophonie sont assurées par deux opérateurs directs : l'Agence universitaire de la francophonie (AUF) et l'université Senghor d'Alexandrie (Égypte) ; l'une et l'autre complètent ainsi le dispositif des structures d'intervention dans les domaines éducatifs et techniques de l'OIF. Ces institutions et les programmes qui leur sont liés ou qu'elles soutiennent ont connu un succès croissant au cours de ces dernières décennies, qui se traduit par des demandes nombreuses en matière de bourses et de projets, par des ouvertures de bureaux et par la mise en place de pôles de compétence.

L'AUF, UN RÉSEAU MONDIAL

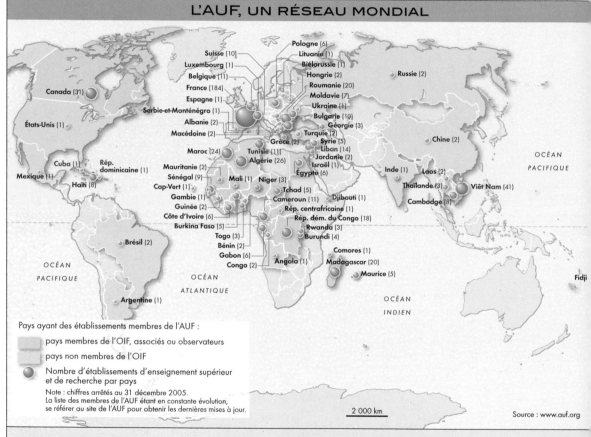

Pays ayant des établissements membres de l'AUF :

pays membres de l'OIF, associés ou observateurs

pays non membres de l'OIF

Nombre d'établissements d'enseignement supérieur et de recherche par pays

Note : chiffres arrêtés au 31 décembre 2005.
La liste des membres de l'AUF étant en constante évolution, se référer au site de l'AUF pour obtenir les dernières mises à jour.

2 000 km

Source : www.auf.org

L'AUF : la pionnière

Fondée à Montréal (où elle siège toujours) en 1961, l'AUF est en quelque sorte une institution pionnière du vaste mouvement francophone.

Opérateur direct de la Francophonie depuis 1989, elle a pour rôle principal de soutenir la coopération, la solidarité entre institutions universitaires travaillant en français.

Fin 2005, l'AUF rassemble 535 membres dans le monde et coordonne 32 réseaux scientifiques et 16 pôles de compétence. Ses programmes d'action, au nombre de huit, sont organisés selon trois catégories :

– trois programmes d'actions portant sur la langue française et la diversité linguistique, le développement et l'environnement, l'État de droit ;

– un programme d'actions transversal concernant les technologies de l'information et de la communication ;

– quatre programmes de soutien sur l'appropriation du savoir, le renforcement institutionnel et scientifique des universités, la mobilité scientifique et universitaire (politique des bourses), le soutien aux réseaux et structures associatifs, et les actions déléguées dans le cadre de partenariats.

Ces actions sont coordonnées par dix bureaux régionaux et par une trentaine d'implantations (antennes nationales, campus numériques, centres d'accès à l'information, instituts de formation).

CHERCHE SCIENTIFIQUE

Pôles de compétences et bourses linguistiques

En 2003, l'AUF a sélectionné 16 pôles de compétences répartis sur l'ensemble de l'espace francophone. Ils couvrent des domaines très variés : santé-nutrition (Congo-Brazzaville, Burkina Faso, Côte d'Ivoire, Mali, Rwanda, Liban), aménagement et gestion des ressources naturelles (Togo, Bulgarie, Maroc), information et communication (Bulgarie, Tunisie), sciences politiques et juridiques (Sénégal, Cameroun), tourisme (Viêt Nam), langues et humanités (Madagascar, Bénin), sciences pures (Roumanie). Dix de ces pôles sont situés en Afrique subsaharienne et dans l'océan Indien ; un dans la zone Asie-Pacifique, deux en Europe centrale et orientale, deux au Maghreb et un au Moyen-Orient.

Dans le cadre des programmes financés par l'Union européenne en faveur de l'enseignement (programme Socrates, 2000-2006), le volet Erasmus destiné à l'enseignement supérieur permet à des étudiants non francophones de l'Union d'étudier dans l'un des pays francophones, soit pour y perfectionner leurs connaissances linguistiques, soit pour y suivre un enseignement délivré en français. Au cours de la période couverte par Socrates, près de 8 000 étudiants ont ainsi pu bénéficier de ces bourses, les Espagnols constituant 50 % de ce contingent. Ce même programme a également permis de financer des formations de perfectionnement pour des enseignants en français, principalement de Pologne, du Portugal et de Bulgarie.

L'université Senghor d'Alexandrie

La création de cette structure, dont le vrai nom est « Université internationale en langue française au service du développement africain », fut décidée lors du sommet de Dakar en 1989. Elle est reconnue d'utilité publique internationale. Installée à Alexandrie (Égypte) dans la tour du Coton, elle fut inaugurée en 1990. L'idée originelle remonte au début des années 1980, lors d'entretiens entre Léopold Sédar Senghor, Boutros Boutros-Ghali et Maurice Druon, alors secrétaire perpétuel de l'Académie française. Elle est financée par les contributions des États membres ; lors de sa création, elle a bénéficié de nombreux financements venus d'horizons différents, dont le mécénat privé et d'entreprises. La formation, d'une durée de deux ans, est gratuite et dispensée par un corps enseignant international où trente nationalités sont représentées. Réservée aux 3es cycles, sa vocation première est de former ou d'améliorer les connaissances des cadres et formateurs de haut niveau, pour les mettre en condition d'exercer des responsabilités de gestion. Les domaines d'enseignement prioritaires sont la gestion de projets, des institutions financières, de la nutrition et de la santé, de l'environnement et du patrimoine culturel. En son sein, le Centre René-Jean Dupuy pour le droit et le développement, créé en 1998, étudie le rôle et les fonctions du droit, interne et international, dans le développement économique, politique, social et environnemental des pays africains.

NATIONALITÉ DES ÉTUDIANTS DE L'UNIVERSITÉ SENGHOR

Autres (France, Haïti) 3
Afrique de l'Ouest 58
Océan Indien (Madagascar, Comores, Djibouti) 12
Afrique du Nord (Algérie, Maroc, Tunisie, Égypte, Mauritanie) 24
Afrique centrale 38
Total : 135 étudiants (période 2004/2006)
Source : www.usenghor-francophonie.org

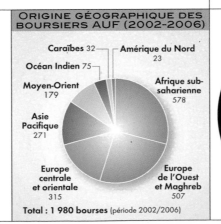

ORIGINE GÉOGRAPHIQUE DES BOURSIERS AUF (2002-2006)

Caraïbes 32
Amérique du Nord 23
Océan Indien 75
Moyen-Orient 179
Afrique subsaharienne 578
Asie Pacifique 271
Europe centrale et orientale 315
Europe de l'Ouest et Maghreb 507
Total : 1 980 bourses (période 2002/2006)

> « En tant qu'institution universitaire, l'AUF a une liberté critique qui l'amène à s'interroger sur les termes qu'on lui propose. »
>
> M. GENDREAU-MASSALOUX, RECTRICE DE L'AUF, DOSSIER RFI/MFI SOMMET DE OUAGADOUGOU, 2004.

LES RÉSEAUX FRANCOPHONES

Moyen efficace pour favoriser les échanges et valoriser les bonnes pratiques, la Francophonie a choisi, depuis une dizaine d'années, d'accentuer la stratégie de travail en réseau dont l'avait dotée l'histoire. Une façon aussi de traduire son engagement en faveur d'un monde multipolaire à la construction duquel chacun peut contribuer.

LES OING ACCRÉDITÉES ET LE RÉSEAU CIJEF

Canada (7)
Québec
Nouveau-Brunswick
Suisse (6)
Luxembourg
Belgique (6)
Royaume-Uni (1)
France (30)
Andorre
Monaco
Italie (1)
Roumanie
Moldavie
Bulgarie
Macédoine
Grèce
Liban
OCÉAN ATLANTIQUE
Maroc
Tunisie (1)
Égypte
OCÉAN PACIFIQUE
Dominique
Ste-Lucie
Mauritanie (1)
Cap-Vert
Sénégal (2)
Guinée-Bissau
Guinée
Côte d'Ivoire (1)
Burkina Faso (1)
Togo (1)
Bénin (2)
São Tomé et Príncipe
Gabon
Congo
Mali
Niger
Tchad
Cameroun (2)
Rép. centrafricaine
Rép. dém. du Congo
Rwanda
Burundi
Kenya (1)
Djibouti
Seychelles
Comores
Madagascar
Maurice
Laos
Cambodge
Viêt Nam
Vanuatu
OCÉAN PACIFIQUE
OCÉAN INDIEN

• Nombre par pays d'OING et d'OSC accréditées auprès de l'OIF ; les sièges des structures retenues se trouvent dans 15 pays mais leurs activités dépassent largement les frontières

• Localisation du siège de 10 OING citées en exemple dans le tableau ci-contre

◆ Présence d'une des 49 organisations membres du Cijef

Pays membres de l'OIF, associés ou observateurs

2 000 km

Source : OI

Les associations, ancêtres des réseaux

La nature transnationale de la Francophonie l'a encouragée, depuis ses débuts, à élaborer une stratégie de travail en réseaux, qu'ils soient institutionnels ou professionnels. Quoi de plus proche en effet de ce qu'on appelle aujourd'hui un réseau que les associations internationales formées autour d'une cause commune ? Ces associations, nées bien souvent avant la Francophonie institutionnelle (voir p. 8-9), ont convaincu l'ensemble francophone de l'intérêt de ces cadres permettant la réflexion, la concertation, les échanges de pratiques et la coopération entre leurs membres. Nombre d'organisations internationales non gouvernementales et d'autres organisations de la société civile sont d'ailleurs accréditées auprès des instances de l'OIF. L'attente réciproque d'un partenariat dynamisé entre la société civile et la Francophonie s'est exprimée lors de la Vᵉ Conférence des OING francophones, en septembre 2005 à Ouagadougou (Burkina Faso).

Pour renforcer son partenariat avec la société civile, les instances de l'OIF établissent des relations dans quatre domaines d'actions prioritaires : paix, démocratie et droits de l'homme ; langue française et diversité culturelle ; éducation, formation, enseignement supérieur et recherche ; solidarité et développement durable. Les sièges des 63 structures retenues sont répartis dans 15 pays mais leurs activités en dépassent largement les frontières.

Le soutien de l'OIF aux réseaux francophones

L'OIF soutient ou suscite des réseaux qui fonctionnent de manière indépendante.

EN MATIÈRE LINGUISTIQUE. Le programme «Mise en valeur de la diversité linguistique et culturelle» repose ainsi sur le Réseau international du français dans le monde, le Réseau international francophone d'aménagement linguistique, le Réseau international des langues africaines et créoles, le Réseau des centres de lecture et d'animation culturelle (Clac) ou le Conseil international des radios et télévisions d'expression française.

EN MATIÈRE DE DROITS DE L'HOMME ET DE DÉMOCRATIE. Depuis l'orientation politique prise par l'OIF au début des années 1990 pour un soutien à la démocratie, à l'État de droit et aux droits humains, les réseaux ont pris une place encore plus importante dans la vie de l'Organisation. La Conférence de Brazzaville des structures gouvernementales chargées des droits de l'homme dans l'espace francophone (avril 2003) a en effet adopté un texte posant la mise en réseau comme base de travail afin de «faciliter l'échange d'expériences et la valorisation de pratiques positives». La Délégation aux droits de l'homme et à la démocratie (DDHD) travaille ainsi avec une dizaine de structures, comme la Conférence internationale des barreaux de tradition juridique commune, l'Association des Cours constitutionnelles des pays ayant le français en partage, l'Association ouest-africaine des hautes juridictions francophones ou encore le Bureau de suivi de la conférence des ministres francophones de la justice.

EN MATIÈRE DE JEUNESSE. C'est l'un des derniers-nés dans la famille francophone : fin octobre 2005, s'est tenue à Paris l'assemblée générale constitutive du Conseil international des organisations jeunes de la francophonie (Cijef), réunissant de jeunes délégués de toute la Francophonie. Réseau regroupant les organisations représentatives de la jeunesse des pays francophones, le Cijef doit être un cadre de concertation et de participation pour les francophones âgés de 18 à 30 ans. Engagée, depuis son 8e sommet en 1999 à Moncton (Canada-Nouveau Brunswick), dont le thème était consacré à la jeunesse, à entretenir un dialogue permanent avec les jeunes, la Francophonie a notamment mis en place un réseau virtuel «Jeunesse» constitué aujourd'hui de 38 000 jeunes correspondants, dont 77 % en provenance des pays francophones en développement.

Une ouverture vers l'extérieur

Si les réseaux doivent permettre d'échanger textes ou expériences, ils doivent aussi permettre d'identifier les besoins afin de renforcer leur indépendance et leur bon fonctionnement. Tous sont aussi des partenaires mobilisables pour les différentes interventions de l'OIF et constituent des relais consultatifs importants. Mais la Francophonie ne se limite pas à son seul espace interne pour ce travail transversal : afin d'être plus efficace, elle cherche aussi à développer des partenariats avec des organisations appartenant à d'autres espaces. Dans son programme «Société de l'information», la Francophonie travaille par exemple avec le Réseau des instances africaines d'autorégulation des médias (Riaam), qui compte des membres non francophones.

> « Le centre du monde est partout.

SLOGAN DE TV5MONDE, EMPRUNTÉ À BLAISE PASCAL. »

STATUT ET OBJECTIFS DE QUELQUES OING

① Association francophone internationale des directeurs d'établissement scolaires (Afides)
Fondée à Montréal en 1983, où se trouve son siège international, elle favorise les échanges professionnels entre les directeurs d'établissement scolaires et assure leur formation. Elle regroupe 22 sections nationales : 2 en Amérique du Nord, 4 en Europe, 1 au Proche-Orient et 14 en Afrique. *http://afides.org*

② Association internationale des sociologues de langue française (AISLF)
Fondée à Bruxelles en 1958, l'AISLF, dont le siège actuel est à Toulouse (France), regroupe près de 1 500 membres dans près de 60 pays, francophones ou non, ayant choisi de travailler et d'échanger en français, au sein notamment de 48 groupes thématiques. *www.univ-tlse2.fr/aislf*

③ Conseil francophone de la chanson (CFC)
Créé en 1986, le CFC a pour mission de promouvoir la chanson et les musiques de l'espace francophone. Son secrétariat général est à Montréal ; il dispose de bureaux à Bruxelles et Douala et compte 34 membres en Afrique, 2 au Proche-Orient, 23 en Europe et 37 en Amérique du Nord. *www.chanson.ca*

④ Conférence internationale des barreaux (CIB)
Née en 1985 à Paris, où se trouve son secrétariat, la CIB rassemble près de 80 barreaux de pays de tradition juridique commune, essentiellement francophones. Elle les aide à contribuer à l'édification d'un État de droit dans leurs pays respectifs, en particulier dans la mise en œuvre des droits de la défense. *www.cib.asso.fr*

⑤ Carrefour international de la presse universitaire francophone (Cipuf)
Fondé en 2003, le CIPUF, est un réseau de médias produits par des étudiants francophones. Il réunit plus de 60 radios et journaux dans 21 pays de la Francophonie, ce qui représente 1 800 jeunes journalistes et un tirage de plus de 2 millions d'exemplaires par an. *www.cipuf.org*

⑥ Aquadev
Créée en 1987, Aquadev, dont le secrétariat général est à Bruxelles, agit sur trois secteurs : la microfinance, l'amélioration de la sécurité nutritionnelle et l'environnement en milieu urbain. Elle est active dans 4 pays d'Afrique. *www.aquadev.org*

⑦ Association mondiale pour l'école instrument de paix (EIP)
Fondée en 1967, l'EIP, dont le siège est à Genève, développe des activités relatives à l'éducation, aux droits de l'homme et à la paix, auxquels elle sensibilise autorités et opinion publique. L'EIP est représentée dans 40 pays : 13 en Afrique, 7 en Amérique, 3 en Asie, 14 en Europe et 3 au Moyen-Orient. *www.eip-cifedhop.org*

⑧ Environnement et développement du Tiers Monde (ENDA-TM)
Née en 1972, l'organisation lutte contre la pauvreté, pour la diversité culturelle et le développement durable. Depuis son siège à Dakar, où travaillent 24 équipes thématiques, elle est active à travers 21 antennes décentralisées (14 en Afrique, 5 en Amérique du Sud et 2 en Asie). *www.enda.sn*

⑨ Service d'appui aux initiatives locales de développement (SAILD)
Le SAILD, dont le siège est à Yaoundé, appuie des organisations paysannes au Cameroun et au Tchad. Sa mission est la valorisation du statut des paysans, notamment par l'amélioration de leurs conditions de vie, ainsi que le renforcement organisationnel du mouvement paysan.

⑩ Groupe d'études et de recherches sur la démocratie et le développement économique et social en Afrique (Gerddes)
Né en 1990, le Gerddes, dont le siège est à Cotonou, a pour objectif de faire la promotion et l'accompagnement de la démocratie pour accélérer le développement économique et social du continent. Présent dans 32 pays d'Afrique, il compte plus de 2 000 membres. *www.gerddes.org*

L'établissement de relations entre collectivités territoriales, est une « invention » française ; elles ont d'abord concerné les pays du voisinage européen, puis francophones, avant de s'étendre à d'autres régions de la planète. Le modèle, aujourd'hui reconnu, est de plus en plus présent dans les politiques de coopération, dans les réseaux de relations internationales, chez les partenaires financiers. Pour les pays francophones en particulier, la coopération entre collectivités, bien que récente, fait, désormais, partie intégrante du système de coopération. Dans cette dynamique, l'appartenance à un même espace linguistique a été déterminante.

Voisinage et cousinage : Allemagne et Québec

Le concept de jumelage est né, au lendemain de la Seconde Guerre mondiale, du désir de dirigeants de villes françaises et allemandes de tisser des liens d'amitié et de tirer un trait sur des décennies d'affrontements et de rivalités.

C'est en effet en 1950 que fut traduite la première union entre Montbéliard (Doubs) et Ludwisbourg (Bade-Wurtemberg), par la signature d'un accord d'amitié et d'échanges, annonciateur de la réconciliation franco-allemande et de la construction européenne. Depuis, plus de 5 000 accords ont été signés entre villes françaises et européennes, surtout allemandes ; les affinités politiques, de part et d'autre du Rhin, dictaient parfois ces rapprochements. Cette première vague fut avant tout celle du voisinage et de l'amitié.

Puis ces relations sautèrent les frontières du continent, par la volonté de rapprochement avec le Québec, manifestée avec éclat par le général de Gaulle, dans les années 1960. La Belle Province fut l'objet d'un réel engouement ; les collectivités françaises tissèrent des liens au travers de jumelages, d'associations ; les Québécois découvrirent le goût pour la recherche de leurs racines, de l'origine de leur nom, du village de leurs ancêtres, multipliant les échanges. À l'instar de l'Office franco-allemand pour la Jeunesse, fut créé un Office franco-québécois. Les relations de cousinage venaient de naître et popularisaient le rapprochement franco-québécois.

L'EXEMPLE DU BURKINA FASO

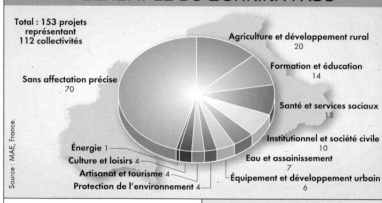

Total : 153 projets représentant 112 collectivités

Source : MAE, France.

- Sans affectation précise 70
- Énergie 1
- Culture et loisirs 4
- Artisanat et tourisme 4
- Protection de l'environnement 4
- Agriculture et développement rural 20
- Formation et éducation 14
- Santé et services sociaux 13
- Institutionnel et société civile 10
- Eau et assainissement 7
- Équipement et développement urbain 6

> « *La coopération décentralisée est d'abord une histoire d'expériences, l'émergence puis le développement de l'action d'hommes et d'institutions avec les opportunités et les difficultés que cela représente.* »
> PROCOOP, 1999.

Une dynamique de proximité

Les pays d'Afrique du Nord furent également l'objet de fortes mobilisations des associations et collectivités. C'est le Maroc qui a le plus bénéficié de cette coopération de proximité. L'importante diaspora marocaine vivant en France et en Belgique, son organisation, sa mobilisation en faveur des villages d'origine, les réseaux d'épargne mis en place constituent autant de facteurs favorables au développement de ces relations (un type d'organisation que l'on retrouve, peu ou prou, chez certaines populations immigrées maliennes). Marseille fut la première grande actrice d'une action de coopération décentralisée avec Alger, action conduite par Gaston Deferre, maire de Marseille et père de la décentralisation française.

D'autres initiatives ou circonstances étendirent ces liens hors du continent africain : Madagascar, Haïti, l'Asie du Sud-Est (le Viêt Nam surtout, mais aussi le Laos et le Cambodge) bénéficièrent de cette dynamique ; ces destinations nouvelles obéissant, parfois, à un phénomène de mode. La chute du mur de Berlin et l'intégration de pays d'Europe centrale dans l'Union européenne ont élargi l'horizon international des collectivités ; plus proches du modèle développé avec l'Allemagne, ces relations récentes sont davantage marquées par les échanges culturels et, de plus en plus, par les intérêts économiques.

ELAGE À LA COOPÉRATION INSTITUTIONNELLE

LES RELATIONS DES COLLECTIVITÉS TERRITORIALES FRANÇAISES
AVEC CELLES DES AUTRES PAYS FRANCOPHONES

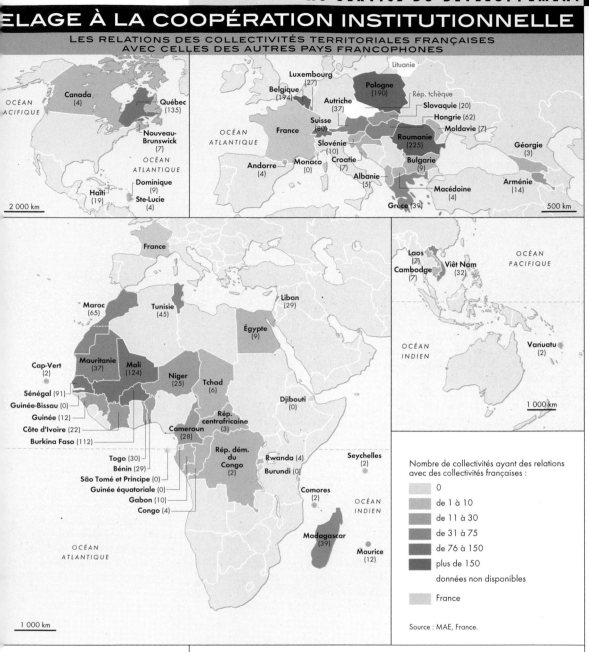

Nombre de collectivités ayant des relations avec des collectivités françaises :

- 0
- de 1 à 10
- de 11 à 30
- de 31 à 75
- de 76 à 150
- plus de 150
- données non disponibles
- France

Source : MAE, France.

De l'amitié à la solidarité

Le troisième mouvement se développa au cours des années 1970. Il fut largement dicté par la grande détresse dans laquelle furent plongés les pays du Sahel (tous francophones, de l'Atlantique, à l'ouest, au Tchad, à l'est) et l'Éthiopie, suite aux sécheresses des années 1972 à 1975 et 1978-1979. L'explosion de ces jumelages, de nature bien différente, synonymes ici de solidarité, fut spectaculaire. Ainsi en 2005 plus de 150 collectivités françaises interviennent au Burkina, au Sénégal, au Mali ; quelques dizaines en Mauritanie, au Niger, au Tchad ; le mouvement s'est étendu à d'autres pays subsahariens, avec une moindre ampleur : Côte d'Ivoire, Bénin, Togo, Cameroun, Gabon, Congo... Les liens établis avec ces pays résultant souvent de relations personnelles, même si, par la suite, ils ont également cherché à s'institutionnaliser. Le Zaïre, le Rwanda et le Burundi furent surtout en liaison avec les collectivités de Belgique, l'ancienne puissance tutélaire.

Après les relations traditionnelles gérées par les ministères compétents (Affaires étrangères et Coopération), après les échanges financiers et la coopération d'entreprise, les relations de collectivités à collectivités se sont imposées, au fil de ces dernières décennies, dans le paysage de la coopération internationale et singulièrement francophones, traduisant de façon spectaculaire l'implication de la société civile et des élus.

Une action de plus en plus reconnue...

Les États, les institutions supranationales, les processus de relations bi ou multilatérales ne peuvent plus ignorer cette réalité. Les instances européennes l'ont prise en compte, cofinançant des programmes, encourageant et récompensant certaines initiatives. La Banque mondiale et les Nations unies s'y intéressent ; le ministère français des Affaires étrangères s'est doté d'un service spécifique et finance des projets d'appui à vocation nationale ou régionale (par exemple le PDM basé au Bénin). La France a légiféré pour permettre aux collectivités de pratiquer la coopération internationale et signer des accords de partenariat, grâce à la loi sur la coopération décentralisée de 1992, qui crée la Commission nationale pour la coopération décentralisée ; les collectivités sont représentées dans les discussions entre instances dirigeantes des pays du Nord et du Sud (Commissions mixtes).

Avec plus de 3 600 collectivités intervenant dans 115 pays, aujourd'hui la quasi-totalité des grands villes, des conseils généraux et régionaux de France ont établi ce type de liens avec des collectivités étrangères (majoritairement francophones) ; elles se sont dotées de politiques en la matière, créant des services spécifiques ou des agences (Midi-Pyrénées, Alsace) chargés de les conduire ; l'AFD accompagne également ces efforts ; la Francophonie prend en compte cette dynamique, se dotant d'instruments d'action et de visibilité.

LES LIENS DE COOPÉRATION PAR GRAND ENSEMBLE

- Pays de l'Union européenne (Europe des 15) : 4 200
- Pays de la zone de solidarité prioritaire (ZSP*) : 640
- Pays de l'Europe médiane et orientale : 630
- Pays développés hors Union européenne : 500
- Pays émergents intermédiaires ou en développement hors ZSP : 220

Total : 6 190 liens de jumelage et de coopération dans 115 pays

(0 1 000 2 000 3 000 4 000 Liens de coopération)

Note : la liste à jour des pays constituant la ZSP est disponible sur le site du MAE : www.diplomatie.gouv.fr/solidarite/fsp/zone.html

Source : *La Gazette des communes*, 29 août 2005 (données 2003).

... en réponse à l'émergence des collectivités au Sud...

Le mouvement est facilité par l'émergence de la décentralisation, issue directement de la démocratisation des institutions des pays du Sud ; partout des municipalités, des régions se mettent en place (dans les années 1990 au Burkina, en 2000 à Madagascar, aux Comores en 2003). Des projets d'appui à la mise en place de ces collectivités bénéficient de financements bi ou multilatéraux. Cette évolution est encouragée par l'Union européenne, qui a fait de la création de structures administratives décentralisées un élément de son programme d'aide au développement. La France a créé, ces dernières années, plusieurs postes de conseillers auprès des ambassades ou des institutions des pays partenaires, dédiés à ces problématiques.

LES COOPÉRATIONS PAR THÈME ET PAR GRAND ENSEMBLE

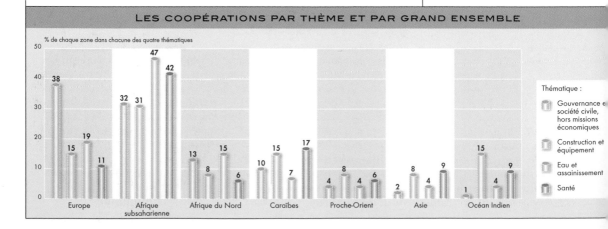

% de chaque zone dans chacune des quatre thématiques

Thématique :
- Gouvernance et société civile, hors missions économiques
- Construction et équipement
- Eau et assainissement
- Santé

	Europe	Afrique subsaharienne	Afrique du Nord	Caraïbes	Proche-Orient	Asie	Océan Indien
Gouvernance	38	47	13	10	8	8	15
Construction	15	42	8	15	4	9	9
Eau	19	32	15	7	4	2	1
Santé	11	31	6	17	6	4	4

LIER DE LA COOPÉRATION FRANCOPHONE

Un fonds de solidarité numérique grâce aux pouvoirs locaux

Sur la route vers une « société de la connaissance et des savoirs partagés » – expression volontariste que les francophones préfèrent à celle de « société de l'information » –, les points de divergence sont nombreux, à commencer par les mécanismes de financement de la solidarité numérique. Comment aider au rattrapage des pays du Sud en matière d'infrastructures de communication et d'équipements ? La création d'un fonds spécial, proposée par le président du Sénégal Abdoulaye Wade, par ailleurs coordonnateur du volet TIC du Nouveau Partenariat pour le développement de l'Afrique (Nepad), a simplement été mentionnée dans la Déclaration de Genève en 2003.

Sans attendre les États, les pouvoirs locaux ont pris le relais : un groupe précurseur, formé dès 2003 par les villes de Genève et de Lyon, la province de Turin et le Sénégal, a décidé d'alimenter le Fonds mondial de solidarité numérique (FSN) par des contributions volontaires. Administré par une fondation installée à Genève, le FSN a fait peu à peu école et a été officiellement inauguré en mars 2005. Il comptait, au 29 mars 2005, 22 membres dont neuf États (Algérie, Ghana, Guinée équatoriale, France, Kenya, Maroc, Nigeria, République dominicaine, Sénégal), quatre régions (Aquitaine, Rhône-Alpes, Pays basque, province de Turin), huit villes ou communautés urbaines (Curitiba, Dakar, Delémont, Genève, Lille, Lyon, Paris, Saint-Domingue) et une organisation internationale, la Francophonie. Le FSN repose sur le « principe de Genève », engagement volontaire des autorités publiques et des entités privées à l'alimenter par une contribution de 1 % sur les marchés publics relatifs aux TIC.

... et plus adaptée aux réalités du quotidien

Très majoritairement à vocation humanitaire au cours des premières années de leur existence, pour répondre aux urgences post-catastrophes et conflits, les relations entre collectivités du Nord et du Sud ont été axées autour de la santé, l'éducation, l'aide alimentaire, l'accès à l'eau, le transfert de matériels et de livres, l'envoi de bénévoles (pas toujours préparés à ces défis)... Elles ont parfois été déléguées à des associations, dont certaines effectuaient leurs premières expériences internationales.

Force est de constater aujourd'hui que la gamme des interventions s'est largement diversifiée, reflétant l'évolution des échanges planétaires ; les aspects culturels, les formations, l'octroi de bourses, l'appui institutionnel, les échanges sportifs, universitaires, touristiques, les coopérations portuaires, le compagnonnage industriel prennent une place de plus en plus importante dans ces échanges. Une quarantaine de thématiques sont répertoriées. Ainsi l'Île-de-France intervient à Madagascar pour structurer les services de la capitale ; le Nord-Pas-de-Calais aide à la réhabilitation des cités historiques de Hué et de Da-Nang au Viêt Nam ; le Poitou-Charentes tisse des liens économiques avec le Québec.

C'est grâce à l'expérience acquise et à leurs connaissances de plus en plus précises du contexte international qu'un certain nombre de collectivités et d'associations qui leur sont liées ont pu traduire dans les faits, et avec l'ampleur que l'on sait, l'élan de solidarité de leurs administrés et de leurs membres.

LES AIDES PAR PAYS

Pays	Millions d'euros
Mali	5,193
Vietnam	3,691
Burkina Faso	3,370
Algérie	2,521
Sénégal	2,308
Madagascar	2,148
Maroc	1,608
Pologne	1,570
Liban	1,385
Gabon	1,321
Togo	1,029
Tunisie	1,001
Chine	0,900
Haïti	0,629

Pays membre de l'OIF
Pays non membre

Source : *La Gazette des communes*, 29 août 2005 (données 2003).

> « Chacun a bien compris qu'il ne s'agirait jamais d'une coopération étrangère bis, mais, si la coopération restait au niveau gouvernemental, elle serait privée de son ancrage dans le concret. »
>
> P. San Marco, Procoop, 1999.

À la fin des années 1980 (Sommet de Dakar), sur l'initiative des États du Sud, la Francophonie cherche à consolider l'État de droit, à appuyer la démocratisation, à renforcer les droits de l'homme et les libertés fondamentales. L'émergence de cette demande correspond à la fin de la guerre froide et à la diffusion de la démocratie formelle (pluripartisme) en Afrique. La Francophonie se dote alors de nombreux outils : outre la mise en œuvre d'un programme de coopération juridique et judiciaire, elle développe des réseaux spécialisés (cours constitutionnelles et autres juridictions, médiateurs, instances de régulation, réseau francophone des instituts des droits de l'homme), apporte une expertise électorale diversifiée et se dote d'un cadre d'observation des pratiques en matière de démocratie et de droits de l'homme avec l'adoption, en 2000, de la Déclaration de Bamako.

Les outils

LA DÉLÉGATION AUX DROITS DE L'HOMME ET À LA DÉMOCRATIE (DDHD) est chargée de veiller au respect des engagements pris par les États ; elle s'appuie sur un réseau d'information, de suivi et de concertation, impliquant les grandes organisations internationales, gouvernementales et non gouvernementales ; elle fournit les appréciations nécessaires permettant de déclencher une action politique (système d'alerte précoce) en cas de besoin. Un rapport dressant un état de la situation de la démocratie et des droits de l'homme dans tous les pays de la Francophonie est l'objet d'une publication annuelle. La DDHD doit également suivre l'application des principaux traités internationaux et inciter les États qui ne les ont pas encore ratifiés à le faire : ainsi, si tous les pays francophones ont signé la Convention relative aux droits de l'enfant, six seulement ont signé celle relative à la protection des migrants. La Délégation, qui a mis en place un observatoire permanent de l'état de la démocratie en Francophonie, est l'opérateur de l'organisation en matière d'accompagnement et d'observation des élections. Elle apporte des appuis diversifiés aux institutions et aux acteurs de la démocratie (formation, expertise, échanges et organisation de colloques).

LES RÉSEAUX INSTITUTIONNELS. Pour développer sa politique, la DDHD s'appuie notamment sur un dispositif qui constitue l'une des grandes originalités de la démarche poursuivie par l'OIF : il s'agit de réseaux institutionnels, professionnels et de compétences qui ont progressivement été mis en place en vue de pourvoir au renforcement des capacités de l'ensemble des institutions judiciaires, de contrôle, de régulation et de médiation dans les États et gouvernements membres, par le biais d'associations, d'unions ou de réseaux les regroupant. Ces réseaux ont notamment pour but de susciter une émulation endogène et de favoriser les échanges d'informations et d'expériences, comme le suggèrent très fortement les textes fondateurs de la Déclaration de Bamako.

La Déclaration de Bamako

Issue du symposium tenu dans la capitale malienne en 2000 sur les pratiques de la démocratie, des droits et des libertés dans l'espace francophone, elle est validée au sommet de Beyrouth en 2002, sous la forme d'un texte normatif spécifiant que « Francophonie et démocratie sont indissociables », et établissant une position de principe face aux situations de violation des droits de l'homme. La Déclaration réaffirme l'adhésion aux principes de la démocratie, de l'État de droit, à la tenue d'élections « libres, fiables et transparentes », condamnant les coups d'État et toute forme de prise du pouvoir par la violence, et donnant à l'OIF un rôle politique jusqu'alors inédit. Les États s'engagent à consolider les institutions, les structures parlementaires, l'indépendance de la justice, les capacités électorales. Parallèlement, la Francophonie se dote d'instruments de mise en œuvre de ces principes : système d'alerte précoce, envois de facilitateurs, de médiateurs, adoption de démarches progressives et adaptées en cas de non-respect des procédures démocratiques. En novembre 2005, s'est tenu à Bamako un second symposium d'évaluation des actions engagées. Malgré un bilan en demi-teinte, l'OIF peut se féliciter d'être désormais reconnue comme acteur à part entière sur la scène internationale et d'avoir su faire admettre par ses membres les mérites des avancées démocratiques.

LES OUTILS

> *Donner à la Francophonie les moyens institutionnels d'une intervention politique auprès de ses États membres pour tout ce qui touche à la démocratie et aux droits de l'homme.*
>
> LES OBJECTIFS DE BAMAKO, 2002, EXTRAIT.

LES PAYS FRANCOPHONES ET LES TRAITÉS INTERNATIONAUX DE PROTECTION DES DROITS DE L'HOMME

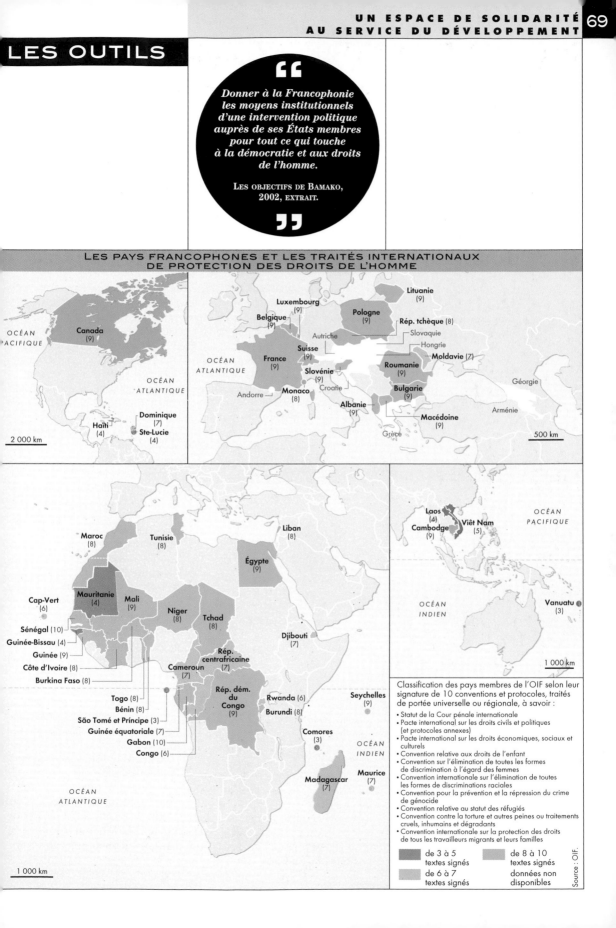

OCÉAN PACIFIQUE

Canada (9)

OCÉAN ATLANTIQUE

OCÉAN ATLANTIQUE

Haïti (4)
Dominique (7)
Ste-Lucie (4)

2 000 km

Lituanie (9)
Luxembourg (9)
Belgique (9)
Pologne (9)
Rép. tchèque (8)
Autriche
Slovaquie
Hongrie
Suisse (9)
France (9)
Moldavie (7)
Slovénie (9)
Roumanie (9)
Andorre
Monaco (8)
Croatie
Bulgarie (9)
Géorgie
Albanie (9)
Macédoine (9)
Arménie
Grèce

500 km

Maroc (8)
Tunisie (8)
Liban (8)
Égypte (9)

Laos (4)
Cambodge (9)
Viêt Nam (5)
OCÉAN PACIFIQUE

Cap-Vert (6)
Mauritanie (4)
Mali (9)
Niger (8)
Tchad (8)
Djibouti (7)
OCÉAN INDIEN
Vanuatu (3)

Sénégal (10)
Guinée-Bissau (4)
Guinée (9)
Côte d'Ivoire (8)
Burkina Faso (8)
Cameroun (7)
Rép. centrafricaine (7)
Togo (8)
Bénin (8)
Rép. dém. du Congo (9)
Rwanda (6)
Burundi (8)
Seychelles (9)
São Tomé et Príncipe (3)
Guinée équatoriale (7)
Gabon (10)
Congo (6)
Comores (3)
OCÉAN INDIEN

1 000 km

Madagascar (7)
Maurice (7)

OCÉAN ATLANTIQUE

1 000 km

Classification des pays membres de l'OIF selon leur signature de 10 conventions et protocoles, traités de portée universelle ou régionale, à savoir :

- Statut de la Cour pénale internationale
- Pacte international sur les droits civils et politiques (et protocoles annexes)
- Pacte international sur les droits économiques, sociaux et culturels
- Convention relative aux droits de l'enfant
- Convention sur l'élimination de toutes les formes de discrimination à l'égard des femmes
- Convention internationale sur l'élimination de toutes les formes de discriminations raciales
- Convention pour la prévention et la répression du crime de génocide
- Convention relative au statut des réfugiés
- Convention contre la torture et autres peines ou traitements cruels, inhumains et dégradants
- Convention internationale sur la protection des droits de tous les travailleurs migrants et leurs familles

| | de 3 à 5 textes signés | | de 8 à 10 textes signés |
| | de 6 à 7 textes signés | | données non disponibles |

Source : OIF.

À L'ÉPREUVE DE L'ACTION

C'est en raison de la reconnaissance de son rôle politique accru sur la scène internationale que la Francophonie s'est dotée des outils nécessaires en vue de remplir ses nouveaux mandats. Dans la réalité, et avant même de disposer des moyens d'actions nécessaires, l'OIF, très sollicitée par les crises institutionnelles et les situations de conflit, était intervenue auprès de la communauté internationale sur divers théâtres de tension, singulièrement en Afrique, où, malgré tout, la démocratie enregistre des progrès et s'inscrit dans la culture politique nationale et régionale de dialogue.

Les médiations francophones

RÉPUBLIQUE DÉMOCRATIQUE DU CONGO (2001). Accompagnement des institutions nationales dans le processus de transition. Missions conjointes avec les Nations unies. Organisation d'un séminaire international sur les institutions de la transition.

COMORES (2001-2004). Envoi de missions de bons offices. Mise en place d'un bureau permanent de l'OIF. Participation aux négociations préélectorales et à la mise en place des institutions. Membre du Comité de suivi des accords et observateur lors des élections. Présidence des Comités d'harmonisation et d'homologation (jouant le rôle de Cour constitutionnelle). Contribution au fonds fiduciaire mis en place par le Programme des Nations unies pour le développement.

CÔTE D'IVOIRE (2002). Participation aux négociations de Marcoussis, membre du Comité international de suivi des accords de Marcoussis et d'Accra III. Installation d'un représentant permanent de l'OIF ; appui financier.

CENTRAFRIQUE (2003). Condamnation du coup d'État par la force. Missions d'information et d'évaluation. Accompagnement du dialogue national. Rôle d'intercesseur auprès des partenaires internationaux.

GUINÉE-BISSAU (2003). Envoi d'une mission d'observation lors des élections législatives.

HAÏTI (2004). Membre d'un comité *ad hoc* consultatif sur la situation de crise, appui aux institutions et aux élections, reconstruction de l'État de droit. Ouverture d'un bureau et désignation d'un envoyé spécial. Envoi d'une mission d'évaluation.

TOGO (2004). Condamnation du coup d'État des forces armées et de la violation des dispositions constitutionnelles. Suspension de la participation du Togo aux instances de la Francophonie. Envoi d'un émissaire sur place.

MAURITANIE (2005). Condamnation de la prise de pouvoir par la force. Envoi d'une mission d'information et de contact. Prend acte du soutien apporté au nouveau régime par les forces vives du pays. Se déclare disponible pour accompagner le processus de transition engagé par les nouvelles autorités.

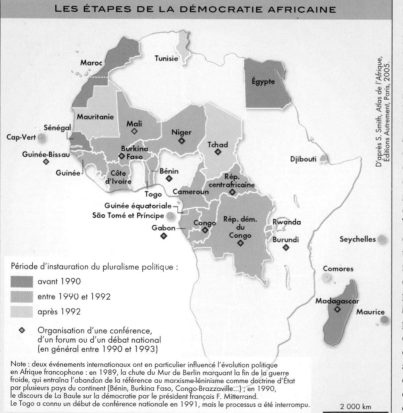

LES ÉTAPES DE LA DÉMOCRATIE AFRICAINE

D'après S. Smith, Atlas de l'Afrique, Éditions Autrement, Paris, 2005.

Période d'instauration du pluralisme politique :
avant 1990
entre 1990 et 1992
après 1992

◇ Organisation d'une conférence, d'un forum ou d'un débat national (en général entre 1990 et 1993)

Note : deux événements internationaux ont en particulier influencé l'évolution politique en Afrique francophone : en 1989, la chute du Mur de Berlin marquant la fin de la guerre froide, qui entraîna l'abandon de la référence au marxisme-léninisme comme doctrine d'État par plusieurs pays du continent (Bénin, Burkina Faso, Congo-Brazzaville...) ; en 1990, le discours de La Baule sur la démocratie par le président français F. Mitterrand. Le Togo a connu un début de conférence nationale en 1991, mais le processus a été interrompu.

2 000 km

LES PAYS FRANCOPHONES ET LA REPRÉSENTATIVITÉ DES INSTANCES

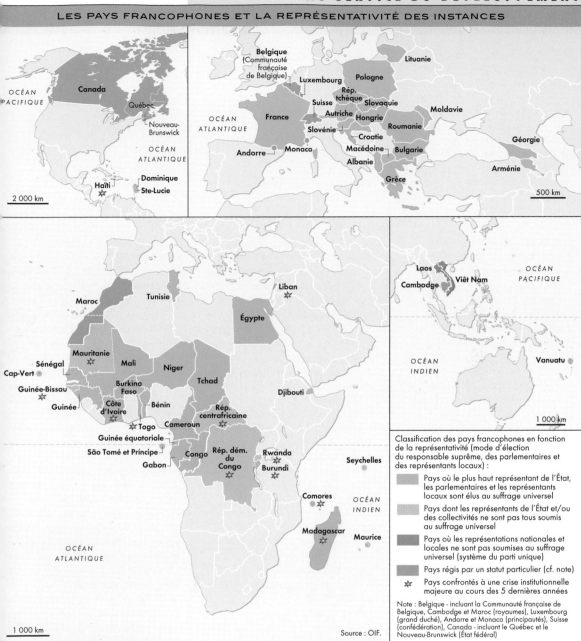

Classification des pays francophones en fonction de la représentativité (mode d'élection du responsable suprême, des parlementaires et des représentants locaux) :

Pays où le plus haut représentant de l'État, les parlementaires et les représentants locaux sont élus au suffrage universel

Pays dont les représentants de l'État et/ou des collectivités ne sont pas tous soumis au suffrage universel

Pays où les représentations nationales et locales ne sont pas soumises au suffrage universel (système du parti unique)

Pays régis par un statut particulier (cf. note)

Pays confrontés à une crise institutionnelle majeure au cours des 5 dernières années

Note : Belgique - incluant la Communauté française de Belgique, Cambodge et Maroc (royaumes), Luxembourg (grand duché), Andorre et Monaco (principautés), Suisse (confédération), Canada - incluant le Québec et le Nouveau-Brunswick (État fédéral)

Source : OIF.

> « Depuis une quinzaine d'années, la Francophonie s'est forgée, à travers son intervention dans plusieurs pays africains, une gamme d'instruments pour la gestion des processus de paix et le renforcement des capacités. »
>
> M. JOANNIDIS, RFI/MFI, N° 425, 2004.

En Afrique, la démocratie malgré tout...

Depuis 1990, le respect des règles démocratiques a progressé. Les Conférences nationales souveraines ont encouragé une prise de conscience collective et ont « popularisé » la démocratie. Maurice, le Sénégal (déjà bons élèves de la classe démocratique), mais aussi Madagascar, le Cap-Vert, le Bénin, le Mali, la Centrafrique, le Niger, le Congo-Brazzaville, São Tomé et Príncipe ont connu des alternances démocratiques (pas toujours sereines) et ont mis en place des institutions, y compris au plan local, d'inspiration démocratique (avec de nouvelles constitutions presque partout). Depuis la fin de la guerre froide, les accessions au pouvoir de façon illégale diminuent nettement. Il reste à réduire les sources de tension nées du multipartisme, et notamment des contestations encore généralisées autour des processus électoraux, et à obtenir un fonctionnement effectif des institutions de l'État de droit.

LÉOPOLD SÉDAR SENGHOR (1906-2001)

Le président-poète, héraut de la francophonie et de la négritude.

Né en 1906 à Joal, au Sénégal, alors colonie française, L. S. Senghor effectue des études littéraires à Paris (lycée Louis-le-Grand et Sorbonne). Il se lie d'amitié avec le poète martiniquais Aimé Césaire, avec lequel il se fera porte-parole de la « négritude », et avec le futur président de la République française Georges Pompidou. Il est le premier Africain agrégé de l'université de Paris (1935). Il s'engage dans la vie politique après la Libération, devient député du Sénégal à l'Assemblée nationale française (1945), secrétaire d'État (1955-1956) et ministre-conseiller en 1959). Le 5 septembre 1960, il devient le premier président de la République du Sénégal indépendant. En 1980, il est un des rares chefs d'État africains à quitter volontairement le pouvoir. Après son premier recueil, *Chants d'ombre* (1945 et paru en 1956 aux Éditions du Seuil), il produit une œuvre abondante : *Hosties noires* (Le Seuil, Paris, 1948), *Anthologie de la nouvelle poésie nègre et malgache de langue française* (PUF, Paris, 1948), *Éthiopiques* (1956), *Élégies majeures* (Le Seuil, 1979) ou *Ce que je crois : négritude, francité et civilisation de l'universel* (Grasset, Paris, 1988). Il est le premier écrivain noir élu à l'Académie française, le 2 juin 1983. Militant infatigable de la Francophonie, il s'efforce, aux côtés de ses homologues H. Diori et H. Bourguiba, de promouvoir l'idée d'une « communauté organique » francophone. Avec l'accession à l'indépendance des États africains, « il s'agissait de reprendre l'idée communautaire de la Constitution de 1958, en la repensant, comme nous l'avions fait en 1955 : d'en faire une relecture africaine ou, mieux, panhumaine ». L'édification d'un « Commonwealth à la française » doit éviter l'émiettement qui guette l'Afrique francophone nouvellement indépendante et ménager des liens privilégiés avec l'ancienne métropole. Il expose son projet de « communauté francophone » aux chefs d'État africains réunis à Antananarivo (Madagascar), lors du sommet de l'Organisation commune africaine et malgache (Ocam), en juin 1966. « L'idée m'en est venue, je crois, en 1955, lorsque, secrétaire d'État à la présidence du Conseil dans le gouvernement Edgar Faure, j'étais chargé de la révision du titre VIII de la Constitution, relatif aux départements, territoires d'outre-mer et protectorats. J'eus, alors, l'occasion de m'en entretenir avec Habib Bourguiba, qui était en résidence surveillée en France. C'est de là que datent notre amitié et notre coopération. Il s'agissait, comme je l'ai dit en son temps, d'élaborer, puis d'édifier un "Commonwealth à la française" [...]. Par "ensemble", j'entendais, j'entends toujours : entre nations qui emploient le français comme langue nationale, langue officielle ou langue de culture. » (Extrait du discours de réception à l'Académie des sciences d'outre-mer, 2 octobre 1981.)

HABIB BOURGUIBA (1903-2000)

Homme politique et réformateur de la société tunisienne et du droit des femmes, actif ambassadeur de la francophonie.

Né en 1903 à Monastir (Tunisie), H. Bourguiba étudie le droit et les sciences politiques à Paris et devient avocat. À son retour en Tunisie (1927), il collabore à plusieurs journaux indépendantistes, notamment à *L'Action tunisienne*, qu'il crée 1932. Membre du Destour, parti nationalist il fonde en 1934 le Néo-Destour. Il est assigné à résidence et arrêté à plusieurs reprises par les autorités françaises. Après la Seconde Guerre mondiale, il promeut l'indépendance tunisienne dans les pays arabes, aux Nations unies et en France. À partir de 1954, il devient l'interlocuteur incontournable du gouvernement français et de Pierre Mendès-France, aboutissant à l'autonomie interne de la Tunisie (1955), pu à son indépendance (1956). Premier chef de gouvernement de la Tunisie indépendant il en devient Président de la République, le 8 novembre 1957, après l'abolition de la monarchie. Il lance d'importantes réform pour moderniser la société tunisienne : laïcisation de l'État, statut des femmes, interdiction de la polygamie, autorisation du divorce et de l'avortement. Gravement malade, il est destitué en 1987 par le premi ministre Ben Ali.

Partisan résolu de la Francophonie aux côtés de L. S. Senghor, il s'en fait lui aussi l'actif ambassadeur, notamment en Afriqu en 1965. Pour lui, la langue française et la francophonie concourent à édifier une Tunisie moderne et ouverte.

HAMANI DIORI (1916-1989)

Homme politique, symbole de l'émancipation de l'Afrique subsaharienne et infatigable acteur de la création d'une communauté francophone.

Né à Sadouré (Niger), en 1916, H. Diori suit des études à Dakar et devient instituteur. Au lendemain de la Seconde Guerre mondiale, il s'engage dans la vie politique. Fondateur du Parti progressiste nigérien, il est élu député du Niger à l'Assemblée nationale française en 194 vice-président en 1957. Il est à l'origine du Rassemblement démocratique africain (RDA), avec notamment F. Houphouët-Boigny. À l'accession du Niger à l'autonomie en 1958, H. Diori est président du Conseil des ministres. Le 9 novembre 1960, il devient le premier président de la République du Niger indépendant.

D'importants gisements d'uranium assurent un début de développement, mais les retombées sont faibles et la grave sécheresse qui frappe le Sahel en 1973 ruine l'agriculture, entraînant une crise sociale. En 1974, le président Diori est renversé par un coup d'État militaire, qui porte au pouvoir le lieutenant-colonel Seyni Kountché.

Outre sa participation à la création du Conseil de l'Entente en 1959 et de l'Ocam en 1966, H. Diori est un promoteur actif de la Francophonie. Il est ainsi mandaté avec L. S. Senghor en juin 1966, par la Conférence des chefs d'État de l'Ocam (Antananarivo), pour convaincre les autres pays francophones d'Afrique de participer à des projets de coopération culturelle et économique. Succès symbolique, c'est dans la capitale nigérienne, Niamey, que se tiennent les deux premières conférences intergouvernementales des États francophones, réunies en 1969 et 1970. La deuxième aboutit à la création de l'Agence de coopération culturelle et technique (ACCT) par 21 pays.

CHARLES HÉLOU (1912-2001)
La voix de la Francophonie dans le monde arabe.
Homme d'État et homme de culture, C. Hélou a porté haut la dignité et les valeurs du peuple libanais. Grand serviteur de son pays, député, plusieurs fois ministre et président de

la République, il remplit avec conviction, noblesse et fidélité toutes ces fonctions. Convaincu du rôle de la Francophonie dans le monde, C. Hélou a été l'un des pionniers dans la création de ses institutions. En 1972, il est porté à l'unanimité à la présidence de l'Association des parlementaires de langue française (APLF) ; son mandat sera renouvelé à plusieurs reprises. Président de l'Agence de coopération culturelle et technique (ACCT) et membre du Haut Conseil de la francophonie, il propose un concours sur l'universalité de la francophonie. Le nom de Charles Hélou a été attribué au prix international de la Francophonie. C. Hélou est un grand humaniste et homme de foi ; il a fondé les Restaurants du cœur au Liban, distribuant gratuitement des repas aux personnes âgées et aux enfants nécessiteux. Homme de lettres et grand journaliste, auteur de plusieurs ouvrages dont *La Vérité au bout du fusil, Liban remords du monde, discours sur l'universalité de la Francophonie* (Cariscript, Paris, 1987), C. Hélou n'a jamais cessé tout au long de sa vie de donner ses impressions sur l'actualité politique et culturelle.

NORODOM SIHANOUK (1922)
La Francophonie de l'Extrême-Orient.
Né en 1922 à Phnom Penh, le roi Norodom Sihanouk a effectué ses études primaires et secondaires dans les établissements français de son pays. Il est élu roi du Cambodge en 1941, à 19 ans, et poursuit ses études supérieures en France. Dans les années 1952-1953, il revendique, puis obtient de la France l'indépendance totale du Cambodge. En 1955, après avoir abdiqué en faveur de son père, il devient premier ministre

de son pays et engage une politique générale de développement qui contribue à consolider l'unité nationale. Cette même année, il participe à la grande conférence afro-asiatique de Bandoong et y proclame la neutralité de son pays ; il s'inscrit ensuite parmi les pères fondateurs du mouvement des non-alignés. À la mort de son père, en 1960, il devient chef d'État ; après le coup d'État qui l'écarte du pouvoir en 1970, il s'exile et prend la tête de la résistance nationale. Après de multiples péripéties de retour au pouvoir en 1993, il promulgue officiellement la nouvelle Constitution du Cambodge et est élu roi et chef d'État à vie, mais il a récemment abdiqué en faveur de son fils qui jusqu'alors était membre du Haut Conseil de la Francophonie.

En ce qui concerne sa contribution à la Francophonie, N. Sihanouk fut un des premiers chefs d'État à réagir, dès 1962, à participer au numéro spécial de la revue *Esprit* « Le français dans le monde », auquel participait également L. S. Senghor, qui fut considéré comme un texte fondateur de ce qui est aujourd'hui la Francophonie. Cette même année, il appelle, aux côtés de nombreuses autres personnalités étrangères, à l'organisation des « parlants français ». Dans les années 1960 et 1970, se profilent les premiers contours de la communauté internationale organisée autour du français. N. Sihanouk, avec d'autres hommes politiques – H. Diori, H. Bourguiba, L. S. Senghor – veut aller plus loin en créant une communauté organique avec des sommets de chefs d'État et des gouvernements pour peser sur la scène internationale. L. S. Senghor, père concepteur de la Francophonie, mentionnera de façon permanente ce soutien du roi.

LISTE DES SIGLES

ACCT Agence de coopération culturelle et technique (devenue AIF)

Adelf Association des écrivains de langue française

AEFE Agence pour l'enseignement français à l'étranger

AEI Alliance des éditeurs indépendants

AFAA Association française d'action artistique

AFD Agence française de développement (ex-CFD et CCCE)

AIF Agence intergouvernementale de la Francophonie (devenue OIF)

AILF Association internationale des libraires francophones

AIMF Association internationale des maires francophones

AIPLF Association internationale des parlementaires de langue française (devenue APF)

Amade Accès aux marchés de l'aide publique au développement

APE Accords de partenariats économiques

APF Assemblée parlementaire de la Francophonie

Asem Forum Europe-Asie

AUF Agence universitaire de la francophonie

Aupelf Association des universités partiellement ou entièrement de langue française (devenue AUF)

Bief Bureau international de l'édition française

CAD Comité d'aide au développement

Cafed Centre africain de formation à l'édition et à la diffusion

CEA Commission économique pour l'Afrique

Cedeao Communauté économique des États d'Afrique de l'Ouest

CFI Canal France International

CFII Chaîne française d'information internationale

Cifdi Carrefour international francophone de documentation et d'information

Cifla Conseil international francophone des langues

Cijef Conseil international des organisations de jeunes de la francophonie

CIJF Comité international des Jeux de la francophonie

Cirtef Conseil international des radios-télévisions d'expression française

Clac Centre de lecture et d'animation culturelle

CNCD Commission centrale de la coopération décentralisée

Cnuced Conférence des Nations unies pour le commerce et le développement

Conféjes Conférence des ministres de la Jeunesse et des Sports des pays ayant le français en partage

Confémen Conférence des ministres de l'Éducation des pays ayant le français en partage

CPLP Communauté des pays de langue portugaise

CSA Conseil supérieur de l'audiovisuel (France)

CTF Communauté des télévisions francophones

DDHD Délégation aux droits de l'homme et à la démocratie

DGLFLF Délégation générale à la langue française et aux langues de France

Fespaco Festival panafricain du cinéma et de la télévision de Ouagadougou

FFA Forum francophone des affaires

FGIC Fonds de garantie des industries culturelles

FIPF Fédération internationale des professeurs de français

FISF Fédération internationale de Scrabble francophone

FSN Fonds mondial pour la solidarité numérique

HCF Haut Conseil de la Francophonie

ICTSD Centre international pour le commerce et le développement durable

IEPF Institut de l'énergie et de l'environnement de la francophonie

Ifan Institut fondamental d'Afrique noire (ex-Institut français d'Afrique noire)

Intif Institut francophone des nouvelles technologies de l'information et de la formation

MAE Ministère des Affaires étrangères (France)

Masa Marché des arts du spectacle africain

MDP Mécanisme pour un développement propre

Midem -Marché international du disque et de l'édition musicale

NEI Nouvelles Éditions ivoiriennes

Nepad Nouveau partenariat pour le développement de l'Afrique

OCDE Organisation de coopération et de développement économiques

OEI Organisation des États ibéro-américains pour l'éducation, la science et la culture

OIF Organisation internationale de la Francophonie

OING Organisation internationale non gouvernementale

OMC Organisation mondiale du commerce

OMPI Organisation mondiale de la propriété intellectuelle

PDM Partenariat pour le développement municipal

PMA Pays les moins avancés

Pnud Programme des Nations unies pour le développement

RFI Radio France internationale

RFP Radios francophones publiques

RGPH Recensement général de la population et de l'habitat

RIDC Réseau international pour la diversité culturelle

Rifal Réseau international francophone d'aménagement linguistique

Rifram Réseau international du français dans le monde

Rilac Réseau international des langues africaines et créoles

Rilif Réseau international des littératures francophones

RIPC Réseau international sur la politique culturelle

Secib Secrétariat de la coopération ibéro-américaine

SMSI Sommet mondial sur la société de l'information

TEL Trois Espaces linguistiques

TIC Technologies de l'information et de la communication

Tika Agence turque de coopération et de développement

UIT Union internationale des télécommunications

UL Union latine

Unesco Organisation des Nations unies pour l'éducation, la science et la culture

UPF Union internationale de la presse francophone

Womex World Music Expo

LE HAUT CONSEIL DE LA FRANCOPHONIE

**Au 1ᵉʳ janvier 2006.
Les membres du HCF sont
nommés intuitu personae
par le secrétaire général
de l'OIF, pour un mandat
de quatre ans
renouvelable une fois.**

DORA BAKOYANNIS, maire d'Athènes

MOHAMMED BEDJAOUI, président du Conseil
constitutionnel algérien

ABDELOUAHED BELKEZIZ, ancien secrétaire
général de l'Organisation
de la conférence islamique

FÉLIX BIKOÏ, président de l'Association
des professeurs de français d'Afrique
et de l'océan Indien

BERNARD BINLIN-DADIÉ, écrivain, ancien
ministre de la Culture de Côte d'Ivoire

BOUTROS BOUTROS-GHALI, ancien secrétaire
général de l'Organisation des Nations
unies et de l'Organisation internationale
de la francophonie

DEE DEE BRIDGEWATER, chanteuse, actrice

MICHEL CAMDESSUS, gouverneur honoraire
de la Banque de France, ancien directeur
général du Fonds monétaire international

JACQUES CHANCEL, journaliste

FRANÇOIS CHENG, écrivain, membre
de l'Académie française

EMIL CONSTANTINESCU, ancien président
de la République de Roumanie, président
de l'Association pour l'éducation civique

MOUSSA DAFF, titulaire de la chaire
de français à l'université Cheikh Anta Diop
de Dakar

PAULIN HOUNTONDJI, directeur du Centre
africain des hautes études de Porto-Novo,
ancien ministre de la Culture du Bénin

JEAN-MARIE KLINKENBERG, professeur
à l'université de Liège, vice-président
du Conseil supérieur de la langue française
de la communauté française de Belgique

ALPHA OUMAR KONARÉ, ancien président
de la République du Mali, président
de la commission de l'Union africaine

PIERRE-ÉTIENNE LAPORTE, sociolinguiste,
ancien député du Canada-Québec

ANDREÏ MAKINE, écrivain

JUSTINE MINTSA, écrivain, secrétaire
générale de la commission nationale
pour le Centre international
des civilisations bantu

JOCELYN NADEAU, directeur des technologies
de l'information à l'université de Moncton
(Canada, Nouveau-Brunswick)

ÉRIK ORSENNA, écrivain, membre
de l'Académie française

IDRISSA OUEDRAOGO, cinéaste

HISASHI OWADA, juge à la Cour
internationale de justice de La Haye

DARIO PAGEL, président de la Fédération
internationale des professeurs de français

YVETTE RABETAFIKA RANJEVA, ambassadeur,
déléguée permanente de Madagascar
auprès de l'Unesco

LUAN RAMA, écrivain, ancien ambassadeur
de la République d'Albanie en France

MARY ROBINSON, directrice exécutive de la
fondation Ethical Globalization (Initiative
pour une globalisation éthique), ancienne
haut-commissaire des Nations unies aux
droits de l'homme, ancienne présidente
de la République d'Irlande

GHASSAN SALAMÉ, conseiller de
l'Organisation des Nations unies, ancien
ministre de la Culture du Liban

ADAMA SAMASSEKOU, président du comité
préparatoire du Sommet mondial
sur la société de l'information
(Genève 2003-Tunis 2005), président
de l'Académie africaine des langues

GUY-OLIVIER SEGOND, ambassadeur spécial
pour le Sommet mondial sur la société
de l'information, ancien président
du Conseil d'État de la République
et canton de Genève

KEITH SPICER, directeur de l'Institut
des médias, de la paix et de la sécurité,
Université de la paix des Nations unies

MARIO SOARES, député au Parlement
européen, ancien président
de la République du Portugal

JEAN-BAPTISTE TATI LOUTARD, écrivain,
ancien ministre de la Culture du Congo

DENIS TILLINAC, écrivain, président-directeur
général des éditions de La Table Ronde

MARIE-CLAUDE TJIBAOU, présidente de
l'Agence de développement de la culture
kanak (ADCK) de Nouvelle-Calédonie

NU THI NINH TON, députée, vice-présidente
du comité des affaires étrangères de
l'Assemblée nationale du Viêt Nam

ROGER TOUMSON, professeur des littératures
française et francophone comparées
à l'université des Antilles et de la Guyane

CASSAM UTEEM, ancien président
de la République de Maurice, membre
de l'Institut international pour la
démocratie et l'assistance électorale

DOMINIQUE WOLTON, directeur de recherche,
directeur du laboratoire Information,
communication et enjeux scientifiques
au Centre national français
de la recherche scientifique

Abrier (QUÉBEC) : couvrir un enfant.

Accise (QUÉBEC) : impôt indirect.

Achaler (QUÉBEC) : importuner.

Adon (QUÉBEC) : coïncidence, hasard.

Aller à l'aviation (AFRIQUE DE L'OUEST) : se rendre à l'aéroport.

Amarrer ses chaussures (ACADIE ET RÉUNION) : attacher ses chaussures.

Ambiance (CONGO) : fête ; *ambianceur* : fêtard, celui qui fait la fête.

Anovulant (QUÉBEC) : contraceptif.

(s')Appareiller (ACADIE) : s'habiller.

Argent-braguette (LA RÉUNION) : allocations familiales.

Arriérer (AFRIQUE DE L'OUEST) : faire marche arrière.

Avoir des serpents (AFRIQUE CENTRALE) : avoir des coliques.

Avoir le doigt dans la bouche de quelqu'un (CÔTE D'IVOIRE) : être corrompu.

Aubette (BELGIQUE) : abri.

Auteure (QUÉBEC) : féminin de auteur.

Autogoal (BELGIQUE ET SUISSE) : but marqué contre son camp.

Babelutte (BELGIQUE) : friandise.

Baboune (QUÉBEC) : une moue.

Bardasser (QUÉBEC) : bousculer, secouer.

Barjaquer (SUISSE) : parler pour ne·rien dire.

Barrure (QUÉBEC) : verrou.

Bazou (QUÉBEC) : vieille automobile.

Bécosse (QUÉBEC) : toilettes, wc.

Blâmage (LUXEMBOURG) : une gaffe, un impair.

Bleuet (QUÉBEC) : baie, équivalent de la myrtille.

Blinquer (BELGIQUE) : faire reluire.

Bobet (SUISSE) : nigaud.

Boire (QUÉBEC) : téter.

Bonbon-lafesse (LA RÉUNION) : suppositoire.

Branleux (QUÉBEC) : personne qui hésite.

Broche à foin (QUÉBEC) : affaire tordue, mal engagée, mal organisée.

Brunante (QUÉBEC) : crépuscule.

Cacaille (BELGIQUE) : un objet sans valeur.

Cadavéré (NIGER) : fatigué, fainéant.

Cadoter (AFRIQUE DE L'OUEST) : faire un cadeau.

Calepin (BELGIQUE) : cartable.

Carosse (QUÉBEC) : chariot d'aéroport ou de supermarché.

Carte-vue (BELGIQUE) : carte postale.

Catiner (QUÉBEC) : jouer à la poupée ; *catin* : poupée.

Chaîne (NIGER) : fermeture à glissière.

Chambreur (QUÉBEC) : locataire d'une chambre.

Char (QUÉBEC) : automobile.

Chaudasse (QUÉBEC) : légèrement ivre.

Chauffer quelqu'un (QUÉBEC) : le conduire en voiture (expression dérivée de « chauffeur »).

Chavirer (ACADIE) : renverser un seau.

(se) Chavirer (ACADIE) : se faire du souci, devenir fou.

Chérant (QUÉBEC) : qui vend trop cher.

Chicote (TERME SURTOUT UTILISÉ EN AFRIQUE) : fouet ou tout autre instrument servant aux châtiments corporels.

Chicoter (QUÉBEC) : troubler, inquiéter ; en Afrique, frapper avec une chicote.

Cocotte (QUÉBEC) : pomme de pin.

(Faire) Chevrer (SUISSE) : faire enrager.

Condo (QUÉBEC) : appartement dans un immeuble en copropriété.

Conjoncture (AFRIQUE DE L'OUEST) : nom donné, en période de crise, aux bouteilles de bière, dont le prix reste stable, mais dont la contenance diminue.

Conjoncturer (AFRIQUE DE L'OUEST) : par extension, mot utilisé pour désigner une situation durant laquelle on a subi une baisse du niveau de vie.

Connaître manière ou connaître façon (AFRIQUE DE L'OUEST) : avoir des connaissances ou de l'expérience dans un domaine précis, savoir ce qu'il convient de faire.

Conveniat (LUXEMBOURG) : retrouvailles.

Conventum (QUÉBEC) : réunion d'anciens élèves.

Coquetel (QUÉBEC) : cocktail.

Couetté (QUÉBEC) : ébouriffé.

Courriel (QUÉBEC) : message électronique.

Couvertures d'yeux (LA RÉUNION) : paupières.

Corps à billets (CÔTE D'IVOIRE) : policiers, douaniers, racketteurs.

Corrige-maman (CAMEROUN) : ajouter à un plat des ingrédients qui en améliorent le goût.

Croche (QUÉBEC) : être débraillé ou ivre.

Crochir (QUÉBEC) : tordre.

Croller (BELGIQUE) : boucler, en parlant de la chevelure.

Déflater (AFRIQUE DE L'OUEST) : terme désignant les diminutions de personnel dans la fonction publique et, d'une manière générale, les licenciements.

Deuxième bureau (AFRIQUE FRANCOPHONE) : maîtresse.

Dépanneur (QUÉBEC) : petite épicerie de quartier.

Dévaloir (SUISSE) : vide-ordures.

Dibi (SÉNÉGAL) : viande grillée (par extension, *dibiterie* : boucherie, étal de viande).

Disable (QUÉBEC) : excessif.

Disquer (BELGIQUE) : découper à la scie.

Doigter (BÉNIN, TOGO) : être dénoncé, désigné à la vindicte.

Donner une bonne main (SUISSE) : donner un pourboire.

Douance (QUÉBEC) : qualité d'une personne douée.

Doubleur (BELGIQUE ET QUÉBEC) : redoublant.

Doufe (BELGIQUE) : une cuite.

Drache (BELGIQUE) : une forte averse (*dracher* : pleuvoir).

Drap (BELGIQUE) : serviette de toilette.

Encanteur (QUÉBEC) : commissaire-priseur.

Endisquer (QUÉBEC) : enregistrer sur un disque.

Épeurant (QUÉBEC) : qui fait peur.

Épinette (QUÉBEC) : épicé.

Épivarder (QUÉBEC) : s'agiter, faire le fou.

Essencerie (SÉNÉGAL) : station-service.

Être en famille (QUÉBEC) : être enceinte.

Étriver (QUÉBEC) : taquiner.

Faire avion par terre (CÔTE D'IVOIRE) : se dépêcher, agir dans l'urgence, aller vite.

EXPRESSIONS FRANCOPHONES

Faire boutique son cul (AFRIQUE DE L'OUEST) : se prostituer.

Faire la bouche (AFRIQUE FRANCOPHONE) : se vanter.

(Être dans le) Fait noir (LA RÉUNION) : être dans le malheur, déprimer.

Falle (QUÉBEC) : avoir grande faim.

Farde (BELGIQUE) : dossier, chemise.

Fariner (LA RÉUNION) : bruiner.

Femme à journée (BELGIQUE) : femme de ménage.

Fifi (QUÉBEC) : homosexuel.

Fion (SUISSE) : moquerie.

Flat (BELGIQUE) : petit appartement.

Foenher (SUISSE) : se sécher les cheveux (en référence au foehn, vent sec et chaud des Alpes).

Fourrer un livre (SUISSE) : recouvrir un livre.

Fricassée (BELGIQUE) : omelette au lard.

Frouiller (SUISSE) : tricher.

Gadelle (QUÉBEC) : groseille.

Galetas (SUISSE) : grenier.

Gommer (LA RÉUNION) : tacher (*j'ai gommé mon T-shirt*).

Garocher (QUÉBEC) : lancer un appel, solliciter de l'aide.

Gorgoton (QUÉBEC) : gosier.

Grafigner (QUÉBEC) : égratigner.

Grans bord (ACADIE) : salle de séjour.

Gratteux (QUÉBEC) : avare.

Gréments (ACADIE) : les meubles.

Gribiche (QUÉBEC) : femme acariâtre.

Grigriser (NIGER) : jeter un sort.

Gripette (QUÉBEC) : enfant coléreux.

Guidoune (QUÉBEC) : femme facile, prostituée.

Initialer (QUÉBEC) : parapher.

Jasette (QUÉBEC) : être bavard.

Julie (SUISSE) : journal local.

(Film) Lapeau (LA RÉUNION) : film pornographique.

Liqueur (QUÉBEC) : boisson non alcoolisée (soda, coca).

Louise (SUISSE) : une femme.

Magasiner (QUÉBEC) : faire ses courses.

> **"**
> *Quand on a des habits, on s'essaie toujours à les coudre pour qu'ils moulent bien, c'est ce que vont faire et font déjà les Africains du français.*
>
> AHMADOU KOUROUMA,
> ÉCRIVAIN IVOIRIEN,
> PRIX RENAUDOT.
> **"**

Mailler (LA RÉUNION) : emmêler (*j'ai maillé mes lacets*).

Mali (BELGIQUE) : déficit.

Manon (BELGIQUE) : friandise pralinée.

Marabouter (AFRIQUE DE L'OUEST) : jeter un sort.

Mazout (AFRIQUE DE L'OUEST) : terme utilisé pour demander un whisky-coca dans les pays où la consommation d'alcool est mal venue.

Marchette (QUÉBEC) : poussette pour bébé.

Minoucher (QUÉBEC) : caresser.

Minoune (QUÉBEC) : vieille voiture.

Mouiller un cours (NIGER) : sécher un cours.

Mousser (QUÉBEC) : promouvoir.

Niaisage (QUÉBEC) : flânerie, perte de temps.

Niama-niama (EXPRESSION COMMUNE À TOUTE L'AFRIQUE) : désigne la viande, mais par extension désigne tout ce qui se consomme.

Nominette (BELGIQUE) : bandelette d'identification d'un vêtement.

Papette (SUISSE) : bouillie.

Parlure (QUÉBEC) : façon de s'exprimer.

Patarafe (QUÉBEC) : affront, injure.

Pâté (BELGIQUE) : petit gâteau à la crème.

Peignure (QUÉBEC) : coiffure.

Piastre (QUÉBEC) : billet de un dollar.

Picouille (QUÉBEC) : cheval maigre.

(Bon) Pied de riz (LA RÉUNION) : un bon mari, celui qui s'occupe bien des enfants.

Piquerie (QUÉBEC) : lieu où l'on se drogue.

Piqueteur (QUÉBEC) : qui participe à un piquet de grève.

Pistolet (BELGIQUE) : petit pain rond.

Placoter (QUÉBEC) : bavarder.

Plumer des patates (QUÉBEC) : éplucher des pommes de terre.

Poigner (QUÉBEC) : saisir.

Postillon (QUÉBEC) : facteur.

Pouceur (QUÉBEC) : auto-stoppeur.

Pralines (BELGIQUE) : chocolats.

Prendre une marche (QUÉBEC) : faire une promenade.

Prendre son pied la route (AFRIQUE DE L'OUEST) : se rendre quelque part à pied.

Quartier (BELGIQUE) : petit appartement.

Quéteux (QUÉBEC) : mendiant.

Rac (BELGIQUE) : être en rade.

Renipper (QUÉBEC) : embellir.

Renoter (QUÉBEC) : rabâcher.

Royaumer (SUISSE) : se prélasser.

Serrer la bouche (AFRIQUE FRANCOPHONE) : refuser de dire la vérité.

Siffleux (QUÉBEC) : marmotte.

Signofile (SUISSE) : clignotant.

Tapis-plain (BELGIQUE) : moquette.

Tchatcher, faire la tchatche (ALGÉRIE) : bavarder.

Tip (LUXEMBOURG) : un bon conseil.

Tocson (QUÉBEC) : tête dure.

Tomber faible (BELGIQUE) : s'évanouir.

Torcher (AFRIQUE FRANCOPHONE) : éclairer avec une lampe électrique.

Tripant (QUÉBEC) : excitant.

Turluter (QUÉBEC) : chantonner.

Vacher (QUÉBEC) : paresser.

Valise du char (QUÉBEC) : coffre à bagages d'un véhicule.

Vidange (CONGO) : bouteille vide.

Vivoir (QUÉBEC) : salle de séjour.

Votation (SUISSE) : vote, référendum.

Zoreille (LA RÉUNION) : métropolitain.

Zwanzer (BELGIQUE) : plaisanter.

BIBLIOGRAPHIE

ARTICLES, COMMUNICATIONS ET REVUES

ALMEIDA D' Francisco et ALLEMAN Marie-Lise, *Les Industries culturelles des pays du Sud, enjeux du projet de convention internationale sur la diversité culturelle*, étude établie pour le compte de l'AIF et du HCF, association Culture et développement, août 2004.

BLAISE Aurélie, *L'Alliance française, une association institutionnalisée*, mémoire pour l'Institut d'études politiques de Lyon-université de Lyon 2, septembre 2001.

BOUQUET Christian, « Être étranger en Côte d'Ivoire : la nébuleuse dioula », *Géopolitique africaine*, janvier 2003.

FARANDJIS Stélio, « Afrique, francophonie et mondialisation », allocution au Conseil régional d'Île-de-France, 5 octobre 2000.

LECLERC Jacques, « La francophonie dans le monde », in *L'Aménagement linguistique dans le monde*, Québec, TLQF, université Laval
http://www.tlfq.ulaval.ca/axl/francophonie/francophonieacc.htm

LEGRAS Michel, « Francophonie... et enseignement du français au lycée », *Les dossiers de Weblettres*, http://www.weblettres.net

LEWIN André, *De Dieu à Diouf, diversité culturelle, multipolarité et francophonie*, http://www.geoscopie.com

MARCOUX Richard, avec la collaboration de Mathieu Gagné, « La francophonie de demain : essai de mesure de la population appartenant à la francophonie d'ici 2050 », *Cahiers québécois de démographie*, vol. 32, n° 2, automne 2003.

OUEDRAOGO Rakissouiligri Mathieu, « Didactiques et convergences des langues et cultures : partenariat des langues nationales et du français dans l'enseignement en Afrique», communication présentée au colloque de la Fédération internationale des professeurs de français (FIPF), Sèvres, France, 1er juillet 2005.

WOTON D. (dir.), BAMBRIDGE T., BARRAQUAND H., LAULLAN A.-M., LOCHARD G., OILLO D., « Francophonie et mondialisation », *Hermès*, n° 40, CNRS Éditions, 2004.

« Le français langue vivante », *Esprit*, nouvelle série n° 311, novembre 1962.

Le Journal de l'AIF, trimestriel, parutions 2004 et 2005.

« Peuplement et migration en Afrique de l'Ouest : une crise régionale en Côte d'Ivoire », *Afrique contemporaine*, été 2003.

« Questions au professeur Jacques Barrat », in *La Francophonie, dossiers d'actualité sur l'international*, La documentation française, http://www.ladocumentationfrancaise.fr

Un espace solidaire pour un développement durable, dossier MFI pour le Xe Sommet (Ouagadougou), 2004.

Une décennie de démocratisation dans l'espace francophone, dossier MFI pour le IXe Sommet (Beyrouth), 2002.

LIVRES ET RAPPORTS

ADPF, *Mondes francophones. Auteurs et livres de langue française*, MAE, 2006.

CHAUDENSON Robert et RAKOTOMALALA Dorothée (dir.), *Situations linguistiques de la Francophonie, état des lieux*, Réseau Observation du français et des langues nationales, AUF, Québec, Canada, 2004.

DGCID, *Le Réseau des établissements culturels français à l'étranger*, ministère français des Affaires étrangères, 2005.

OIF/HCF, *La Francophonie dans le monde 2004-2005*, Larousse, 2005.

SENGHOR Léopold Sédar, *Ce que je crois*, Grasset, Paris, 1988.

WALTER Henriette, *Le Français dans tous les sens*, Robert Laffont, Paris, 1988.

World Press Trends 2005, Association mondiale des journaux, WAN/ZenithOptimedia, 2005.

Rapport d'activités du secrétaire général de l'OIF, de Beyrouth à Ouagadougou, 2002-2004.

ORGANISATION INTERNATIONALE DE LA FRANCOPHONIE

http://www.francophonie.org

L'OIF dispose en outre d'un certain nombre de sites affiliés, s'inscrivant
dans l'un des champs d'intervention suivants.

■ La promotion de la langue française et de la diversité culturelle et linguistique

Centre international francophone de documentation et d'information www.cifdi.francophonie.org

Fonds francophone des inforoutes www.francophonie.org/ffi/

Portail des professeurs de français www.franc-parler.org

Journée internationale de la francophonie http://20mars.francophonie.org

Réseau des médias francophones www.mediaf.org

Cinémas francophones http://www.cinemasfrancophones.org

Forum sur le pluralisme culturel www.planetagora.org

■ La promotion de la paix, de la démocratie et des droits de l'homme

Espace francophone des droits de l'Homme, de la démocratie et de la paix
http://democratie.francophonie.org

Portail droit francophone http://droit.francophonie.org

■ L'appui à l'éducation, la formation, l'enseignement supérieur et la recherche

Base des savoirs francophones en formation professionnelle et technique www.francophoniefpt.org

■ Le développement de la coopération au service du développement durable
et de la solidarité

Institut de l'énergie et de l'environnement de la francophonie www.iepf.org

Système d'information mondial pour le développement durable www.mediaterre.org

Espace économique francophone www.espace-economique- francophone.com

Portail de l'évaluation dans l'espace francophone http://www.evaluation.francophonie.org

Portail de la jeunesse francophone www.jeunesse.francophonie.org

Programme de mobilités des jeunes http://pmj.francophonie.org

OPÉRATEURS

Agence universitaire de la Francophonie http://www.auf.org

■ Espace boursiers www.boursiers.info

■ Infothèque francophone www.infotheque.info

■ Formation ouverte et à distance www.auf.org/formation-distance

TV5 Monde www.tv5.org

■ Cités du monde www.cites.tv

■ Espace Enseignants www.tv5.org/enseignants

  Université Senghor www.usenghor-francophonie.org

Association internationale des maires francophones (aimf) http://maires.francophonie.org

AUTRES INSTITUTIONS ET PARTENAIRES DE L'OIF

Assemblée parlementaire de la Francophonie (APF) http://apf.francophonie.org

Conférence des ministres de l'Éducation des pays ayant le français en partage www.confemen.org

Conférence des ministres de la Jeunesse et des Sports des pays ayant le français
en partage www.confejes.org

Jeux de la francophonie http://jeux.francophonie.org

Carrefour des ong francophones http://www.ong-francophonie.net

Trois espaces linguistiques www.3el.org

Forum francophone des affaires www.ffa-int.org

AUTRES

L'Alliance française http://www.alliancefr.org/

La Fédération internationale des professeurs de français http://www.fipf.org/

Le Conseil international de la langue française http://www.cilf.org/

Le Conseil international des radios-télévisions d'expression française http://www.cirtef.org/

L'Atlas de la francophonie du Canada http://franco.ca/atlas/francophonie/francais/

L'Agence pour l'enseignement français à l'étranger http://www.aefe.diplomatie.fr/

Le Festival francophone en France (2006) http://www.francofffonies.fr/